Français

Dominique Marchand

Formatrice

Écris ton prénom.

....

Présentation

Ce cahier aidera votre enfant à consolider ses acquis et à s'évaluer en **français** durant son année de **CE1**. En effet, il ne suffit pas d'apprendre ses leçons : il faut aussi s'entrainer.

▸ Chaque chapitre comporte quatre pages : une de **VOCABULAIRE**, une d'**ORTHOGRAPHE**, une de **GRAMMAIRE** et une de **CONJUGAISON**.

▸ Sur chaque page, une à trois notions sont traitées et expliquées.

▸ Les exercices reprennent de façon systématique toutes les notions abordées en classe.

▸ Ils assurent ainsi, par une mise en application répétée de la règle, une parfaite acquisition des connaissances et des savoir-faire attendus.

■ Avant de commencer les exercices du cahier, votre enfant peut faire le **test de français** pages 4 et 5 pour évaluer son niveau. En fonction de ses résultats (page 6), et en consultant ensuite le sommaire de la page 3, vous pourrez repérer les notions à réviser en priorité. Cependant, il peut également travailler sur les chapitres dans l'ordre où ils sont proposés.

CONSEILS PARENTS
Prenez l'habitude d'employer des phrases complexes quand vous parlez de tout et de rien avec votre enfant.

■ Sur chaque page, la **règle** est rappelée et accompagnée d'exemples. La rubrique JE SAIS DÉJÀ vous rappelle les connaissances déjà acquises par votre enfant et nécessaires pour qu'il aborde sereinement la leçon de la rubrique JE COMPRENDS . Très souvent, un CONSEIL PARENTS vous donnera une information pour vous aider à accompagner votre enfant dans ses révisions : cela peut être un conseil pratique, ou des exemples à prendre dans la vie quotidienne...

Lis les mots à haute voix en marquant distinctement les syllabes.

■ Les **exercices** proposent un système de graduation avec une, deux ou trois étoiles indiquant leur **niveau de difficulté**. Ils reprennent méthodiquement la ou les notions abordées dans la page de manière à optimiser l'assimilation des connaissances. Une petite ASTUCE , sur fond bleu, donne régulièrement à votre enfant un coup de pouce pour l'aider à résoudre un exercice.

■ Au centre du cahier, les **corrigés détachables** permettent la vérification des acquis et l'évaluation des résultats par votre enfant seul ou aidé d'un adulte. En effet, votre enfant pourra ensuite cocher en fin de chapitre la case verte s'il l'a très bien réussi, la case orange s'il l'a moyennement réussi ou la case rouge si ses erreurs sont nombreuses. Il peut ensuite reporter ce résultat dans le **tableau de bord** du cahier p. 3. Cela vous permettra de distinguer rapidement les notions bien acquises de celles qu'il est encore nécessaire d'approfondir, ce que votre enfant pourra faire grâce aux exercices supplémentaires et gratuits proposés sur le site www.hatier-entrainement.com.

■ Sur les dernières pages de ce cahier, votre enfant trouvera un **Mémo** avec les conjugaisons des verbes qu'il doit connaitre et un **abécédaire des animaux** pour mémoriser l'ordre alphabétique.

■ Dans ce cahier, certains mots sont écrits selon les prérogatives du Ministère de l'Éducation nationale, recommandant d'appliquer **la nouvelle orthographe**. Par exemple, le mot « goûter » devra dorénavant s'écrire « gouter » ou encore le mot composé « des après-midi » s'écrira « des après-midis ». Dans le livret des corrigés, nous proposerons donc l'ancienne orthographe entre parenthèses juste derrière la nouvelle pour que vous puissiez mieux accompagner votre enfant dans cette démarche de simplification.

© Hatier, 8 rue d'Assas, 75006 Paris • 2019 • ISBN : 978-2-401-05025-9
Conception graphique : Frédéric Jély • Édition : Imaginemos • Mise en page : STDI
• Illustrations : Karen Laborie • Chouettes : Adrien Siroy • Cartes mentales : Bénédicte Idiard.

Achevé d'imprimer en Italie par G. Canale & C. S.p.A.
Dépôt légal n° 05125-9/01 - Novembre 2018

Toute représentation, traduction, adaptation ou reproduction même partielle, par tous procédés, en tous pays, faite sans autorisation préalable est illicite et exposerait le contrevenant à des poursuites judiciaires. Réf. : loi du 11 mars 1957, alinéas 2 et 3 de l'article 41.
Une représentation ou reproduction sans autorisation de l'éditeur ou du Centre français d'exploitation du droit de copie (20, rue des Grands-Augustins, 75006 Paris) constituerait une contrefaçon sanctionnée par les articles 425 et suivants du Code pénal.

s'engage pour l'environnement en réduisant l'empreinte carbone de ses livres. Celle de cet exemplaire est de : **500 g éq. CO_2**
Rendez-vous sur www.hatier-durable.fr

Ton tableau de bord

Reporte la date à laquelle tu as fini chaque page d'exercices et coche la case ☐☐☐ qui correspond à ton résultat.

	VOCABULAIRE	DATE	ORTHOGRAPHE	DATE	GRAMMAIRE	DATE	CONJUGAISON	DATE
1	Le vocabulaire de l'école p. 8 ☐☐☐	....	Les sons « ion, ian, ien, oin, ain » et « ein » p. 9 ☐☐☐	....	La phrase p. 10 ☐☐☐	....	Distinguer le passé, le présent, le futur p. 11 ☐☐☐	....
2	Le vocabulaire de l'emploi du temps p. 12 ☐☐☐	....	les sons « ail, eil » et « euil » p. 13 ☐☐☐	....	La ponctuation de la phrase (1) p. 14 ☐☐☐	....	Identifier le verbe p. 15 ☐☐☐	....
3	Le vocabulaire du corps p. 16 ☐☐☐	....	Le son « s » p. 17 ☐☐☐	....	La phrase négative p. 18 ☐☐☐	....	L'infinitif des verbes p. 19 ☐☐☐	....
4	Le vocabulaire des émotions p. 20 ☐☐☐	....	Les sons « ay, oy » et « uy » p. 21 ☐☐☐	....	Identifier le nom : nom propre / nom commun p. 22 ☐☐☐	....	Conjuguer les verbes être et avoir au présent p. 23 ☐☐☐	....
5	L'ordre alphabétique p. 24 ☐☐☐	....	M devant m, b et p p. 25 ☐☐☐	....	Le groupe nominal p. 26 ☐☐☐	....	Conjuguer le verbe chanter au présent p. 27 ☐☐☐	....
6	Le dictionnaire p. 28 ☐☐☐	....	Le son « k » p. 29 ☐☐☐	....	Les articles p. 30 ☐☐☐	....	Conjuguer les verbes manger et commencer au présent p. 31 ☐☐☐	....
7	Trouver le sens d'un mot p. 32 ☐☐☐	....	Les sons « j » et « g » p. 33 ☐☐☐	....	Singulier / pluriel p. 34 ☐☐☐	....	Conjuguer les verbes faire et dire au présent p. 35 ☐☐☐	....
8	Les mots génériques p. 36 ☐☐☐	....	Les mots en ap- et en ac-, aff-, eff- et off- p. 37 ☐☐☐	....	Masculin / féminin p. 38 ☐☐☐	....	Conjuguer aller et venir au présent p. 39 ☐☐☐	....
9	Les mots fréquents à mémoriser p. 40 ☐☐☐	....	Le son « in » p. 41 ☐☐☐	....	Identifier l'adjectif p. 42 ☐☐☐	....	Conjuguer les verbes du 1er groupe au futur p. 43 ☐☐☐	....
10	Les expressions imagées p. 44 ☐☐☐	....	Le féminin des noms p. 45 ☐☐☐	....	Les pronoms personnels p. 46 ☐☐☐	....	Conjuguer avoir et être au futur p. 47 ☐☐☐	....
11	Les synonymes p. 48 ☐☐☐	....	Le féminin des adjectifs p. 49 ☐☐☐	....	Trouver le sujet d'un verbe p. 50 ☐☐☐	....	Conjuguer aller, dire, faire au futur p. 51 ☐☐☐	....
12	Les mots contraires p. 52 ☐☐☐	....	Le pluriel du GN p. 53 ☐☐☐	....	Sujet / Groupe verbal p. 54 ☐☐☐	....	Conjuguer avoir, être et aller à l'imparfait p. 55 ☐☐☐	....
13	Les familles de mots p. 56 ☐☐☐	....	Les lettres muettes p. 57 ☐☐☐	....	Le complément d'objet p. 58 ☐☐☐	....	Conjuguer les verbes sauter, commencer, manger à l'imparfait p. 59 ☐☐☐	....
14	Les préfixes à retenir p. 60 ☐☐☐	....	L'accord sujet / verbe p. 61 ☐☐☐	....	Le complément circonstanciel p. 62 ☐☐☐	....	Conjuguer aller, dire, faire à l'imparfait p. 63 ☐☐☐	....

Mémo Chouette ...... p. 64

Corrigés .... dans le livret détachable au centre du cahier.

« Chouette bilan » : rendez-vous sur le site www.hatier-entrainement.com pour faire le bilan de tes connaissances en FRANÇAIS CE1 !

Avant de commencer les activités de ton cahier, réponds à ces questions. Puis consulte le tableau page 6 pour découvrir les résultats de ton test de français !

1 Le coude est placé entre le bras et l'avant-bras.
VRAI ☐   FAUX ☐

2 On écrit : **un bourgeon**.
VRAI ☐   FAUX ☐

3 **Une petite souris trotte. Trotte** est le verbe de la phrase.
VRAI ☐   FAUX ☐

4 **Je range ma chambre.** Cette phrase est au présent.
VRAI ☐   FAUX ☐

5 Le **poulain** est le petit du cheval.
VRAI ☐   FAUX ☐

6 On écrit : **après**.
VRAI ☐   FAUX ☐

7 **Souris** est un nom commun.
VRAI ☐   FAUX ☐

8 **Je rangerai ma chambre.** Cette phrase est au passé.
VRAI ☐   FAUX ☐

9 Ces mots sont bien classés dans l'ordre alphabétique : **canard**, **point**, **malade**, **valise**.
VRAI ☐   FAUX ☐

10 On écrit : une **anbulance**.
VRAI ☐   FAUX ☐

11 **Une petite souris. Petite** est un déterminant.
VRAI ☐   FAUX ☐

12 **Hier, j'ai rangé ma chambre.** Cette phrase est au futur.
VRAI ☐   FAUX ☐

13 Dans le dictionnaire, on trouve **voile** après **voiture**.
VRAI ☐   FAUX ☐

14 Le son « **o** » peut s'écrire au moins de trois manières.
VRAI ☐   FAUX ☐

15 **Elle lit un livre. Elle** est sujet du verbe lire.
VRAI ☐   FAUX ☐

16 Un verbe change de terminaison selon la personne.
VRAI ☐   FAUX ☐

17 Le contraire de **froid** est **chaud**.
VRAI ☐   FAUX ☐

18 Ce mot est bien orthographié : **guenou**.
VRAI ☐   FAUX ☐

19 **La maitresse lit un livre. Livre** est sujet du verbe **lire**.
VRAI ☐   FAUX ☐

20 **La mouette plane. Plane** est un verbe. **Planer** est son infinitif.
VRAI ☐   FAUX ☐

21 **Se rhabiller** est le contraire de **s'habiller**.
VRAI ☐   FAUX ☐

22 Ce mot est bien orthographié : **masque**.
VRAI ☐   FAUX ☐

23 Une phrase commence par une majuscule et finit par un point.
VRAI ☐   FAUX ☐

24 **Tu traverses la cuisine.** Le verbe est mal orthographié.
VRAI ☐   FAUX ☐

25 **Drôle** veut dire la même chose qu'**amusant**.
VRAI ☐   FAUX ☐

26 On n'entend pas le « **t** » de **salut**.
VRAI ☐   FAUX ☐

27 Le groupe verbal comprend un verbe et complément de verbe.
VRAI ☐   FAUX ☐

28 La lettre « r » marque le futur.
VRAI ☐   FAUX ☐

29 **Chaussure** et **chausson** sont des mots de la même famille.
VRAI ☐   FAUX ☐

30 **à** est invariable.
VRAI ☐   FAUX ☐

31 **Agenda** est un nom masculin.
VRAI ☐   FAUX ☐

32 **Je chantais**. Ce verbe est conjugué à l'imparfait.
VRAI ☐   FAUX ☐

33 L'année se divise en quatre saisons.
VRAI ☐   FAUX ☐

34 **Cet** se trouve devant un nom commun.
VRAI ☐   FAUX ☐

35 **Cette petite fille est sage**. Le GN est au masculin.
VRAI ☐   FAUX ☐

36 **Il ira à l'école**. Le verbe est conjugué au présent.
VRAI ☐   FAUX ☐

37 Le **riz** est un légume.
VRAI ☐   FAUX ☐

38 Le féminin des noms en **-eil** s'écrit en **-eille**.
VRAI ☐   FAUX ☐

39 La marque du pluriel du GN est souvent le « s ».
VRAI ☐   FAUX ☐

40 J'**aurai** est une forme du verbe **avoir**.
VRAI ☐   FAUX ☐

41 On peut dire **casser un bol** mais aussi **briser un bol**.
VRAI ☐   FAUX ☐

42 Le féminin de **chien** est **chiene**.
VRAI ☐   FAUX ☐

43 On peut déplacer et supprimer le GN **chaque matin** dans la phrase : **Chaque matin, je me réveille tôt.**
VRAI ☐   FAUX ☐

44 **Vous dansiez** est une forme conjuguée à la deuxième personne du singulier.
VRAI ☐   FAUX ☐

45 **Douze** est de la famille de **doux**, **douceur**.
VRAI ☐   FAUX ☐

46 Le féminin de **nouveau** est **nouvelle**.
VRAI ☐   FAUX ☐

47 **La mer est bleue**. **Bleue** est un adjectif qualificatif.
VRAI ☐   FAUX ☐

48 **Vous dites.** Le verbe **être** est conjugué au présent.
VRAI ☐   FAUX ☐

49 **Revoir** est de la famille de **décevoir**.
VRAI ☐   FAUX ☐

50 Ces mots sont bien orthographiés : **des petites souris**.
VRAI ☐   FAUX ☐

51 Ton prénom est un nom propre.
VRAI ☐   FAUX ☐

52 **Nous ferons.** Le verbe **avoir** est conjugué au futur.
VRAI ☐   FAUX ☐

53 Dans un conte, on peut trouver des **géants**.
VRAI ☐   FAUX ☐

54 Après **ils** ou **elles**, le verbe se termine par **-nt**.
VRAI ☐   FAUX ☐

55 **Je** est un pronom.
VRAI ☐   FAUX ☐

56 Le verbe **commencer** a besoin d'un **ç** à certaines personnes du présent.
VRAI ☐   FAUX ☐

Résultats du test p. 6

Résultats du TEST

Si ta réponse est bonne, entoure le signe de couleur situé à côté.

1	VRAI ■	13	FAUX ■	25	VRAI ■	37	VRAI ■	49	FAUX ■
2	VRAI ●	14	VRAI ●	26	VRAI ●	38	VRAI ●	50	VRAI ●
3	VRAI ◆	15	VRAI ◆	27	VRAI ◆	39	VRAI ◆	51	VRAI ◆
4	VRAI ▲	16	VRAI ▲	28	VRAI ▲	40	VRAI ▲	52	FAUX ▲
5	VRAI ■	17	VRAI ■	29	VRAI ■	41	VRAI ■	53	VRAI ■
6	VRAI ●	18	FAUX ●	30	VRAI ●	42	FAUX ●	54	VRAI ●
7	VRAI ◆	19	FAUX ◆	31	VRAI ◆	43	FAUX ◆	55	VRAI ◆
8	FAUX ▲	20	VRAI ▲	32	VRAI ▲	44	FAUX ▲	56	VRAI ▲
9	FAUX ■	21	FAUX ■	33	VRAI ■	45	FAUX ■		
10	FAUX ●	22	VRAI ●	34	VRAI ●	46	VRAI ●		
11	FAUX ◆	23	VRAI ◆	35	FAUX ◆	47	VRAI ◆		
12	FAUX ▲	24	FAUX ▲	36	FAUX ▲	48	FAUX ▲		

VOCABULAIRE

Si tu as entre 10 et 14 ■ : Bravo ! Tu es un as en vocabulaire. Et tu vas apprendre encore plus avec ce cahier !

Si tu as entre 5 et 9 ■ : C'est bien ! Les exercices de ce cahier vont aussi te permettre de réviser des notions que tu avais peut-être oubliées.

Si tu as entre 1 et 4 ■ : Lis attentivement les leçons des pages **VOCABULAIRE** avant de faire les exercices qui suivent.

ORTHOGRAPHE

Si tu as entre 10 et 14 ● : Bravo ! Tu es un as en orthographe. Et tu vas apprendre encore plus avec ce cahier !

Si tu as entre 5 et 9 ● : C'est bien ! Les exercices de ce cahier vont aussi te permettre de réviser des notions que tu avais peut-être oubliées.

Si tu as entre 1 et 4 ● : Lis attentivement les leçons des pages **ORTHOGRAPHE** avant de faire les exercices qui suivent.

GRAMMAIRE

Si tu as entre 10 et 14 ◆ : Bravo ! Tu es un as en grammaire. Et tu vas apprendre encore plus avec ce cahier !

Si tu as entre 5 et 9 ◆ : C'est bien ! Les exercices de ce cahier vont aussi te permettre de réviser des notions que tu avais peut-être oubliées.

Si tu as entre 1 et 4 ◆ : Lis attentivement les leçons des pages **GRAMMAIRE** avant de faire les exercices qui suivent.

CONJUGAISON

Si tu as entre 10 et 14 ▲ : Bravo ! Tu es un as en conjugaison. Et tu vas apprendre encore plus avec ce cahier !

Si tu as entre 5 et 9 ▲ : C'est bien ! Les exercices de ce cahier vont aussi te permettre de réviser des notions que tu avais peut-être oubliées.

Si tu as entre 1 et 4 ▲ : Lis attentivement les leçons des pages **CONJUGAISON** avant de faire les exercices qui suivent.

Sur le site **www.hatier-entrainement.com**, tu trouveras d'autres exercices pour t'entrainer.

Bonjour !
Le français, ce n'est pas si compliqué !

C'est comme un jeu ! Il y a des règles – de grammaire, d'orthographe, de conjugaison – et du vocabulaire.

Une fois que tu les as apprises et retenues, tu n'as plus qu'à t'entrainer pour mettre en pratique tes connaissances.

Ce cahier va te permettre de progresser rapidement !

■ Chaque chapitre de ce cahier te propose 4 pages pour travailler sur les 4 **matières** de français.

■ Lis attentivement la **leçon** de l'encadré jaune avant de commencer les exercices de la page.

N'hésite pas à consulter un dictionnaire lorsque tu as un doute sur le sens d'un mot.

→ Les **exercices** te proposent 3 niveaux de difficulté : ★ facile, ★★ moyen, ★★★ plus difficile. Parfois, la chouette te donne une petite astuce ou un conseil pour t'aider à les faire.

→ Après avoir regardé le livret des **corrigés**, tu pourras cocher l'une des trois cases situées en bas de page : la case verte si tu as tout bon, la case orange s'il y a 1 ou 2 erreurs et la case rouge s'il y en a davantage. Tu peux ensuite reporter tes résultats sur le **sommaire/tableau de bord** de la p. 3.

→ Sur les dernières pages du cahier, tu trouveras un tableau avec des exemples de **verbes conjugués** que tu dois impérativement connaitre en CE1. Tu peux le regarder pour faire les exercices autant de fois que nécessaire. Un **abécédaire** des animaux te permettra également de réviser l'ordre alphabétique.

Le vocabulaire de l'école

JE SAIS DÉJÀ

Nommer les objets de ma trousse : stylos, feutres, crayons, compas, bâton de colle, règle, paire de ciseaux.

JE COMPRENDS

- Le vocabulaire à connaitre pour nommer les lieux de l'école : bibliothèque, gymnase, réfectoire, préau, salle d'informatique.
- Les consignes : entourer, barrer, cocher, souligner, relier, compléter.

CONSEILS PARENTS

Assurez-vous que votre enfant comprend toujours bien les consignes des exercices qu'il doit faire.

1 Souligne l'intrus de chaque liste.
- Dans ma trousse, il y a : un stylo, des feutres, une bille, une gomme, un taille-crayon.
- Dans la classe, il y a : des bureaux, un tableau, des affiches, des dictionnaires, des oiseaux.
- Dans ma case, il y a : des livres, des cahiers, une ardoise, un sac de bonbons.

2 Complète avec les verbes qui conviennent : explique, récitent, calcule, dessines.
- Tu .... un arbre.
- La maitresse .... une nouvelle leçon.
- Léo .... le résultat de cette opération.
- Les élèves .... leur poésie.

3 Relie le verbe et le nom qui lui correspond.

calculer • • multiplication
multiplier • • copie
copier • • récitation
réciter • • lecture
lire • • conjugaison
conjuguer • • calcul

Aide-toi aussi des terminaisons des verbes pour trouver les bonnes réponses.

4 Écris la liste des fournitures que tu dois avoir dans ton cartable.

....

....

5 Classe les mots suivants dans un tableau : loge de la concierge, préau, règle plate, cantine, compas, bureau, étagères, trousse, bancs.

Lieux de l'école	Petit matériel	Gros matériel

Corrigés p. 2

ORTHOGRAPHE 1 — Les sons « ion, ian, ien, oin, ain » et « ein »

JE SAIS DÉJÀ
Faire attention à l'ordre des lettres en lecture et en orthographe.

JE COMPRENDS
Il ne faut pas confondre les sons **« ian »** et **« ain »**, **« ion »** et **« oin »** et **« ien »** et **« ein »**.

Un poul**ain** / un tri**an**gle.   Un l**ion** / du f**oin**.   Un ch**ien** / la p**ein**ture.

CONSEILS PARENTS
Dans les sons « ien », « ian », « ion » votre enfant doit entendre la lettre « i ». Quand la lettre « i » est en deuxième place, elle forme le son « in » (pain, plein) ou « oin » (loin).

1 Souligne l'intrus de chaque liste.
- un train • un bain • demain • de la viande.
- loin • un point • un coin • un camion.
- les freins • un gardien • bien • un électricien.

2 Complète avec **ein** ou **ien**.
- un mécanic…… • un p……tre • un gard…… • un music……
- une v……e • la t……ture • un mart…… • un l……

3 Complète avec **oin** ou **ion**.
- un c…… • une punit…… • un av…… • avoir bes…… • m……s
- un bab…… • une pens…… • la p……te

Prononce les mots que tu viens d'écrire, si tu entends **-i**, il est devant le **a** ou le **e** ou le **o**, sinon il est après.

4 Devinettes.
- Je suis le petit de la jument, je suis le ………………………………
- Je vends des médicaments, je suis un ………………………………
- Je fais des tableaux, je suis un ………………………………
- Je suis une figure géométrique qui a trois côtés, je suis un ………………………………
- J'habite en Italie, je suis un ………………………………
- Je suis le roi des animaux, je suis le ………………………………
- Je fais lever la pâte à pain, je suis le ………………………………
- Je fais de la chirurgie, je suis un ………………………………
- Je circule sur des rails, je suis un ………………………………

Corrigés p. 2

GRAMMAIRE 1 — La phrase

JE SAIS DÉJÀ
Faire la différence entre les phrases et les lignes.

JE COMPRENDS
La phrase commence par une **majuscule** et se termine par un **point**. C'est un ensemble de mots ordonnés qui a un sens.
Les enfants aiment les histoires fantastiques.

CONSEILS PARENTS
Prenez l'habitude d'employer des phrases complexes quand vous parlez de tout et de rien avec votre enfant.

★ **1** **Place les points dans le texte.**
Les enfants chuchotent dans la classe La maitresse est en train de distribuer les cahiers Les élèves attendent leurs notes avec impatience Certains sont un peu inquiets car ils n'avaient pas bien appris leur leçon

★ **2** **Recopie le texte en ajoutant des points et des majuscules.**
Amélie reste à la maison car elle a la grippe le médecin a prescrit du repos elle ne peut pas aller à l'école elle a sommeil et se sent fatiguée amélie sera vite guérie et reviendra jouer avec les copains et copines à la fin de la semaine

★★ **3** **On a mélangé des morceaux de phrases. Retrouve les phrases correctes et recopie-les.**
Hier soir j'ai regardé un gros gâteau au chocolat.
Maman a fait la télévision pour l'anniversaire du chat.
Je nettoie la litière de mon petit frère chaque matin.

....
....
....

★★ **4** **Sépare les mots par des barres.**
Leshippopotamessontdegrosanimauxquiviventdansl'eau.Leurpeaudoitêtretoujours mouilléesinonilsseraienttrèsmaladescarilssontincapablesdetranspirer. Ilsmangent quarantekilosdevégétauxparjour.

★★★ **5** **Remets les mots dans l'ordre et écris les trois phases que tu as trouvées.**
Il était une fois, Gepetto, nommé, un homme. D'enfant pas il n'avait. Un soir un pantin d'hiver, il en bois fabriqua Pinocchio appela qu'il.

....
....
....

Quand tu lis à haute voix, les points te permettront de reprendre ta respiration.

Corrigés p. 2

CONJUGAISON 1 — Distinguer le passé, le présent, le futur

JE SAIS DÉJÀ
Distinguer le présent, le passé et le futur.

JE COMPRENDS
Comment me repérer sur l'axe du temps.

Hier j'ai mangé trop de bonbons, **aujourd'hui** je suis raisonnable,
Passé   présent
      Futur   —   **Demain** j'en mangerai juste un.

CONSEILS PARENTS
Apprenez bien à votre enfant tous les petits mots qui servent à situer un récit dans le temps : hier, la veille, aujourd'hui, maintenant, demain, plus tard, etc.

1. Souligne les phrases au présent.
- L'âne adore les carottes.
- La classe de CE1 ira à la piscine demain matin.
- Il y a longtemps, un chimpanzé voulait partir en voyage.
- Les poupées attendent toujours la nuit noire pour se raconter des histoires.
- Autrefois, les animaux parlaient avec les hommes.

2. Indique après chaque phrase si elle est au présent (pr), au passé (p) ou au futur (f).
- L'été dernier, nous sommes partis en Italie. ....
- L'année prochaine, nous irons en Espagne. ....
- Aujourd'hui, c'est la fin des vacances. ....
- La semaine dernière, nous avons fêté l'anniversaire de mon petit frère. ....
- J'aurai 8 ans dans un mois. ....

Aide-toi des petits mots qui indiquent si l'action se passe **maintenant**, **avant**, **plus tard** ou de la logique d'un texte.

3. Complète avec les mots : autrefois, aujourd'hui, demain.
- ...., un veilleur de nuit fermait les portes du village quand la nuit tombait.
- ...., Internet permet de trouver des informations sur tous les sujets.
- ...., peut-être trouvera-t-on une planète habitée.

4. Remets les phrases de ce texte dans l'ordre.
- Aujourd'hui, je suis un enfant.
- Plus tard, je serai un adolescent.
- Quand je suis allé à l'école maternelle, j'étais un petit garçon.
- Après ma naissance, j'étais un bébé.
- Un jour, je deviendrai un adulte.

Pense bien à l'axe du temps.

....
....

5. Retrouve l'ordre des phrases de ce petit texte.
- Selon les espèces, le père ou la mère couve pendant de longs jours.
- Un beau jour, les oisillons sortent de leurs coquilles.
- Les oiseaux pondent leurs œufs dans un nid.
- Désormais, les parents doivent les nourrir et leur apprendre à voler.

....
....

Corrigés p. 2

BRAVO ! Tu as fini le chapitre 1.
Rendez-vous sur le site www.hatier-entrainement.com pour encore plus d'exercices et de conseils !

Le vocabulaire de l'emploi du temps

JE COMPRENDS

Le vocabulaire à retenir : la seconde, la minute, l'heure, la semaine, le mois, le trimestre, l'année, la saison, aujourd'hui, hier, demain, après-demain, un calendrier, un emploi du temps, matin, après-midi, soir.

CONSEILS PARENTS

Pour aider votre enfant à se repérer dans le temps, établissez avec lui des emplois du temps de la semaine, de la journée en période scolaire mais aussi pendant les vacances.

1 Vrai (V) ou faux (F).

- La seconde est plus courte que la minute. (....)
- La semaine comporte 8 jours. (....)
- Un trimestre comprend trois mois. (....)
- Il y a 4 saisons dans une année. (....)

2 Complète les phrases avec les mots suivants : **chaque matin**, **printemps**, **minutes**, **après-midi**, **mois**.

- Au .... d'aout, il fait souvent beau et chaud.
- Le .... vient après l'hiver.
- Il y a soixante .... dans une heure.
- Quand nous aurons déjeuné, nous passerons l'............................ à nous promener.
- .... je bois un chocolat au lait.

3 Relie les noms des jours aux mots sur lesquels ils sont formés.

lundi	•	•	Venus
mardi	•	•	la Lune
mercredi	•	•	Jupiter
jeudi	•	•	Sabbat
vendredi	•	•	Mars
samedi	•	•	Mercure
dimanche	•	•	Jour de Dieu

Si tu retiens l'origine des noms de la semaine, tu comprendras mieux leur orthographe.

4 Écris les mots dans les étiquettes dans l'ordre chronologique.

avant-hier , aujourd'hui , demain , hier , après-demain , il y a longtemps .

5 Écris l'emploi du temps de ton mercredi.

Matin	Midi	Après-midi	Soir

Corrigés p. 2

ORTHOGRAPHE 2 — Les sons : « ail, eil » et « euil »

JE SAIS DÉJÀ
Écrire les sons complexes.

JE COMPRENDS

▸ On écrit **ail**, **eil**, **euil**, **ouil**, à la fin d'un mot masculin.
Un port**ail**, un rév**eil**, un faut**euil**, du fen**ouil**.

▸ On écrit **aille**, **eille**, **euille**, **ouille** à la fin d'un mot féminin.
Une p**aille**, une or**eille**, une f**euille**, une n**ouille**.

CONSEILS PARENTS
Expliquez la règle à votre enfant : ce sont les mots au féminin devant lesquels on peut écrire, une ou la qui redoublent le l devant le e final.

Essaie de prononcer les mots à haute voix **a/aille**, **é/eille**, **ou/ouille**, **eu/euill**.

1 Complète avec **a** ou **e**.

- Une ab....ille • une éc....ille • une bat....ille • un or....iller • une m....ille
- le sol....il • le trav....il • la p....ille • la bout....ille • la tr....ille.

2 Classe les mots dans les colonnes masculin ou féminin.

épouvantail, écureuil, bouteille, réveil, paille, merveille, éventail.

Masculin	Féminin

3 Complète avec **aill**, **ill**, **ouill** ou **eill**.

- une n............e • une chat............e • un poul............er • une chen............e
- une f............e • une gros............e • la fam............e • une gren............e
- une frip............e • la r............e.

4 Devinettes.

- Je suis un doigt de pied, je suis un ....
- Je fais du miel, je suis une ....
- Pour bien entendre, je tends l'..
- Je donne l'heure, je suis le ....

5 Complète avec **eille** et **ouille**.

- La pluie m..............
- Je me rév.............. de bonne humeur.
- Les fourmis gr..............nt sur l'herbe.
- Cet enfant s'emerv.............. de tout.
- Il a mauvais caractère, il se br.............. avec tout le monde.

Corrigés p. 2

GRAMMAIRE 2 — La ponctuation de la phrase (1)

JE SAIS DÉJÀ
Une phrase commence par une majuscule et se termine par un point.

JE COMPRENDS
▸ Quand on pose une question, on termine la phrase interrogative par un **point d'interrogation** ? *Pourquoi les chats mangent-ils les souris ?*
▸ Quand on exprime un sentiment (colère, joie, chagrin) on termine la phrase exclamative par un **point d'exclamation** ! *Ce vilain matou a mangé la pauvre mésange !*

CONSEILS PARENTS
Variez les formulations de questions dans la conversation courante.

★ **1 Combien de phrases interrogatives contient ce texte ?**
Connais-tu l'histoire des trois petits cochons ? Quel est celui qui te parait le plus malin ? Le cochon qui a construit sa maison en pierres ou le loup ? Le cochon bien sûr qui a mis le méchant loup dans la marmite. ....

Évite les formules « c'est qui qui ? », « c'est quand que ? », « où c'est que c'est ? ».

★ **2 Combien de phrases exclamatives contient ce texte ?**
« Petit Pierre aide-moi s'il te plait ! criait une vieille cane. Je n'ai plus la force de m'envoler. Porte moi, je t'en prie, à l'abri du grand mur de la ferme sinon le renard me mangera ! » Petit-Pierre prit la cane sous son bras et la mit à l'abri du grand mur.
Quel gentil garçon, ce Petit Pierre ! ....

★★ **3 Ajoute les points, les points d'interrogation et d'exclamation qui manquent dans ce texte.**
Un oiseau cherchait un arbre pour construire son nid Il s'approcha d'un sapin et lui dit : « O sapin, veux-tu me laisser construire un nid sur ta plus haute branche Non Non Va-t'en, dit le sapin, j'abrite une chouette cela suffit L'oiseau demanda à un chêne : « Grand chêne, puis-je construire mon nid sur tes branches Non Non, répondit le chêne, j'abrite déjà une famille d'écureuils

★★ **4 Écris des phrases interrogatives sur le modèle suivant :**
Aimes-tu le chocolat ? → Est-ce que tu aimes le chocolat ?

● As-tu fait tes devoirs ? ....
● Voulez-vous du pain ? ....
● Les garçons joueront-ils au foot contre les filles ? ....
....
● Pourrais-tu me réciter un poème ? ....
....
● As-tu vu la pie dans le jardin ? ....

Corrigés p. 2 et 3

2 Identifier le verbe

JE SAIS DÉJÀ
Reconnaitre un verbe.

JE COMPRENDS
- Dans la phrase : « Eva aime le chocolat », le verbe est « aime ».
- Le verbe change avec les temps passé, présent, futur et se conjugue. Il peut désigner une action ou un état.

> Autrefois, Eva **aimait** le chocolat. Aujourd'hui, Eva **aime** le chocolat. Plus tard, Eva **aimera** toujours le chocolat.

CONSEILS PARENTS
Faites remarquer à votre enfant que le verbe est le seul mot de la phrase qui est modifié quand on change le temps. C'est le seul mot qui se conjugue.

1 Souligne le verbe dans les phrases suivantes.
- Le chat mange les souris.
- Le lion dort beaucoup.
- Le chien ronge les os.
- Les souris grignotent les croutes de fromage.
- Les singes volent les fruits laissés sur les tables de jardin.

2 Souligne le verbe dans les phrases suivantes.
- Demain, il neigera.
- Les hirondelles reviennent au printemps.
- Demain nous fêterons mon anniversaire.
- Nous allons à la piscine, le jeudi matin.
- Vous réviserez vos leçons chaque soir.
- La maitresse écrit au tableau.

3 Complète les phrases avec les verbes : danse, saute, décorent, ont mangé, ramasserons.
- Les merles .... toutes les cerises.
- Les enfants .... le sapin de Noël.
- La petite fille .... à la corde.
- Je .... sur la musique.
- Nous .... des coquillages.

Pour reconnaitre un verbe regarde
a) sa forme : le verbe se conjugue et change de forme : Je joue/ nous jouons.
b) sa place : « **ne** » « **pas** » peuvent encadrer le verbe Je **ne** joue **pas**
c) son sens : le verbe désigne une action ou un état.

4 Souligne le mot qui fait changer la forme du verbe dans la deuxième phrase.
- Je regarde la télévision / Nous regardons la télévision.
- Hier, j'ai pris le bus / Aujourd'hui, je prends le bus.
- Le sportif gagne une médaille / Les sportifs gagnent des médailles.

5 Réécris les phrases sur le modèle suivant et souligne le verbe.
J'aime le chocolat. → Je n'<u>aime</u> pas le chocolat.
- Je chante faux. → ....
- Les canards sont des oiseaux migrateurs. → ....
- Les voyageurs descendent du train. → ....
- Les enfants crient dans la cour. → ....

Corrigés p. 3

3 Le vocabulaire du corps

JE SAIS DÉJÀ
Nommer les principales parties de mon corps.

JE COMPRENDS
Vocabulaire à retenir.
La tête, le visage, le cou, les épaules, la poitrine, le bras, le coude, le poignet, le ventre, la cuisse, le genou, la cheville, le pied, les orteils.

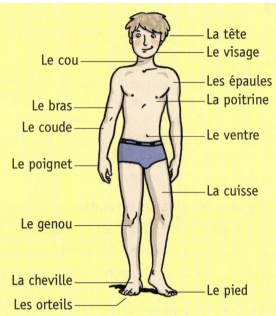

CONSEILS PARENTS
Consultez les encyclopédies pour la jeunesse avec votre enfant pour observer le corps humain.

Le vocabulaire du corps te sert aussi à écrire des portraits. Pense à utiliser un vocabulaire précis.

1 **Complète les phrases avec les mots suivants :** paupières, crâne, lèvres, oreilles.

● C'est un petit monstre. Il a un .... en forme d'œuf. ● Ses .... sont décollées. ● Il garde les .... à demi fermées, on ne sait jamais s'il est réveillé. ● Ses .... sont toutes minces.

2 **Complète les phrases.**

● Quand on est enrhumé, on a le .... qui coule. ● Il faut se laver les .... quand on est passé aux toilettes. ● Pour développer ses ...., il faut faire du sport. ● Nos .... forment le squelette. ● Quand nous nous coupons, nous .... ● Il faut se brosser les .... pour éviter les caries.

3 **Complète ce texte pour faire rapidement ton portrait.**

● Je mesure .... et pèse .... ● Mes cheveux sont .... ● J'ai les yeux ....

4 **Décris cette sorcière en utilisant :** pommettes saillantes, nez crochu, menton pointu, langue verte, ongles longs.

....
....
....
....

Corrigés p. 3

ORTHOGRAPHE 3 — Le son « s »

JE SAIS DÉJÀ
Le son « s » s'écrit de plusieurs façons.

JE COMPRENDS
Le son « s » peut s'écrire :
- **s** : une soupe
- **ss** : une classe
- **c** : une limace, un cirque
- **ç** : un glaçon
- **sc** : scier
- **t** : attention, un martien
- **x** : dix, six

CONSEILS PARENTS
Rappelez à votre enfant qu'il doit distinguer la lettre s qui transcrit un son et la lettre s qui marque l'accord du GN au pluriel.

1 Classe les mots suivants dans les trois colonnes.
- un chasseur ● du cidre ● un coussin ● un garçon ● attention ● une poussette
- une leçon ● une brosse ● un maçon ● la récréation ● décembre ● un reçu
- une invitation.

Vérifie dans un dictionnaire l'orthographe des mots dans lesquels tu entends le son « s ».

S s'écrit ss	S s'écrit c ou ç	S s'écrit t

2 Complète avec s, ou ss.
- un ....inge ● une ....auci....e ● un ....ifflet ● un poi....on ● le ....erpent
- un de....in ● une prince....e ● une hi....toire ● une ....orcière.

3 Souligne les mots dans lesquels la lettre « c » se prononce « s ».
Hier, notre classe est allée au cirque. Nous avons vu un lion sauter dans un cerceau. Les clowns s'envoyaient des seaux d'eau glacée et criaient beaucoup. Une écuyère faisait de l'équilibre sur le dos de son cheval. Cette sortie m'a beaucoup plu.

4 Souligne les mots dans lesquels tu entends « s ».
Un chasseur sachant chasser doit savoir chasser sans son chien.

5 Souligne les mots dans lesquels tu entends « s ».
Chaque soir, mes parents me lisent une histoire pour m'endormir. J'aime les contes de princes et de princesses. La méchante sorcière les empêche d'être heureux mais au dernier moment, une fée arrive et tout se termine au mieux.

Corrigés p. 3

GRAMMAIRE 3 — La phrase négative

JE COMPRENDS

La phrase négative permet de dire le **contraire** :

J'aime le chocolat. → Je **n'**aime **pas** le chocolat.

CONSEILS PARENTS

Efforcez-vous de bien dire la négation quand vous parlez de tout et de rien avec votre enfant.

1 **Souligne les phrases négatives.**

Je ne veux pas aller à l'école. Les souris n'aiment pas les chats. Les poissons ne volent pas. Les rats aiment le fromage. Tu n'as pas peur des loups. La sorcière vole sur son balai.

2 **Entoure ne... pas ou n'... pas dans les phrases suivantes.**

- Je n'ai pas de stylo vert.
- La tortue n'a pas mangé la salade du jardin.
- Je ne vais pas à la mer en hiver.
- Il n'est pas drôle.

Si tu entoures le **ne** et le **pas**, tu peux faire une paire de lunettes au verbe : tu n'aimes pas le fromage.

3 **Transforme les phrases pour dire le contraire, comme dans le modèle.**
Le chat aboie. → Le chat n'aboie pas.

- Tu chantes. ....
- Elle rit. ....
- Il marche. ....

4 **Transforme les phrases pour dire le contraire.**
Le chien n'aboie pas. → Le chien aboie.

- Le chat ne miaule pas. ....
- La poule ne glousse pas. ....
- Le merle ne siffle pas. ....

5 **Remets les mots dans l'ordre et écris la phrase en lettres attachées.**

Les pas n'aiment le enfants café.

Corrigés p. 3

CONJUGAISON 3 — L'infinitif des verbes

JE COMPRENDS

Quand un verbe n'est pas conjugué, il est à l'infinitif. Dans un dictionnaire, les verbes sont toujours présentés à l'infinitif.

Nous habitons une grande ville. → Verbe **habiter**.

CONSEILS PARENTS
Montrez à votre enfant que dans le dictionnaire le verbe est à l'infinitif.

Pour trouver l'infinitif d'un verbe, utilise la formule **en train de**...

1 Relie les verbes et leurs infinitifs.

- ils aiment • • faire
- nous voulons • • être
- ils prenaient • • aimer
- tu es • • vouloir
- ils font • • prendre

2 Souligne les verbes à l'infinitif.

Un cochon d'Inde rêvait de partir en voyage. Il voulait visiter le vaste monde et sortir de sa cage. Chaque jour, chez le marchand d'animaux il entendait la porte s'ouvrir et espérait partir. Des enfants s'approchaient de sa cage et restaient longtemps à le regarder. Ils disaient à leurs parents : « Oh comme il est mignon. Je veux l'acheter et l'emmener à la maison ». Mais les parents n'étaient pas d'accord.

3 Écris les phrases sur le modèle suivant.
J'aime le chant → J'aime chanter.

- J'aime la danse → ....
- J'aime le jeu → ....
- J'aime la pêche → ....
- J'aime la lecture → ....

4 Transforme les phrases sur le modèle suivant.
Léo dort → Léo est en train de dormir.

- La fée boit de la rosée. → ....
- La sorcière prépare une potion magique. → ....
- Les hirondelles partent loin. → ....
- Maman me lit une histoire. → ....

5 Écris l'infinitif des verbes soulignés.

Le mot bidule <u>est</u> .... merveilleux. Il <u>remplace</u> .... tous les mots que l'on ne <u>connait</u> .... pas. Tu <u>as oublié</u> .... un prénom que tu <u>vois</u> .... rarement. En rentrant chez toi, tu <u>demandes</u> .... à tes frères : « Comment s'<u>appelle</u> .... bidule qui <u>a</u> .... les cheveux rouges ? » et tout le monde <u>comprend</u> ....

BRAVO ! Tu as fini le chapitre 3.
Rendez-vous sur le site **www.hatier-entrainement.com**
pour encore plus d'exercices et de conseils !

Corrigés p.3

VOCABULAIRE 4 — Le vocabulaire des émotions

JE SAIS DÉJÀ
Exprimer des émotions.

JE COMPRENDS
Vocabulaire à retenir.
- **Amour** : aimer, adorer, affection, amitié, tendresse, amoureux
- **Colère** : être contrarié, se fâcher, s'énerver, la colère, irrité
- **Espoir** : espérer, souhaiter, croire, attendre, l'espoir, confiant
- **Haine** : détester, haïr, le dégout, la rivalité, haineux, rancunier
- **Joie** : rire, sourire, le bonheur, la satisfaction, joyeux, heureux, gai, content
- **Peur** : craindre, la peur, l'effroi, l'angoisse, la terreur, peureux, effrayé, terrorisé, terrifiant, peureux, inquiet, épouvanté

CONSEILS PARENTS
Apprenez à votre enfant à reconnaitre les expressions des personnages sur les images d'albums et de BD.

Éprouver un sentiment signifie ressentir une émotion comme **la colère, la joie, la tristesse**...

1 Souligne en bleu les mots qui indiquent qu'on est heureux et en rouge ceux qui indiquent qu'on est malheureux.
- joyeux • souriant • triste • pleurer • content • sourire • souffrir • rire • larmes.

2 Relie chaque mot à son contraire.

gai • • la colère
heureux • • malheureux
aimer • • tranquille
le calme • • triste
énervé • • détester

3 Complète les phrases avec : timide, a peur, sanglote, en colère.
- Le chevalier avance dans la nuit au milieu de bruits effrayants, il ....
- Il rougit souvent car il est ....
- Emma a un gros chagrin, elle ....
- Nous avons fait beaucoup de bêtises, la maitresse est ....

4 Quel sentiment éprouvent ces personnages : la tristesse, la peur, la tendresse, la joie, la jalousie.
- Alexandre hurle quand il voit une araignée ? Il éprouve de ....
- Maman câline mon petit frère, elle éprouve de ....
- Elsa pleure parce que sa poupée est cassée, elle éprouve de ....
- Il déchire le dessin de Paul qui est plus beau que le sien, il éprouve de ....
- Max apprend une bonne nouvelle, il éprouve de la ....

Corrigés p. 3

ORTHOGRAPHE 4 — Les sons « ay, oy » et « uy »

JE SAIS DÉJÀ
Lire la lettre **y**.

JE COMPRENDS
- On écrit : abo**y**er, un cra**y**on, appu**y**er.
- Le **y** vaut deux **i** = aboi+ier / crai+ion/ appui+ier.

CONSEILS PARENTS
Bien montrer à votre enfant que la lettre y devant une consonne se prononce i : un pyjama, mais qu'elle vaut deux i devant une voyelle : essui-ier.

1 Complète par oy ou par oi.

- nett......er • un ch......x • j......eux • une cr......x • env......er
- un r...... • empl......er • un ......seau • un l......er • le p......l.

2 Complète par ay ou ai.

- le l......t • bal......er • une r......ure • une b......e • une r......e
- p......er • un r......l • une fr......se • une p......lle • un b......l.

3 Complète avec ay, oy, uy.

- Lisa a nett......é son bureau.
- Mamie a env......é une carte d'anniversaire à Théo.
- Il doit s'app......er sur une béquille pour marcher.
- N'oublie pas de p......er la cantine.
- J'ai renv......é le bon de commande.

4 Souligne tous les mots où tu entends le son ill.
- Cette fille est formidable.
- Je suis l'aîné d'une famille nombreuse.
- Léo est un bébé joyeux qui n'a pas le temps de s'ennuyer.
- Mon crayon est bien taillé.
- Un rayon de lune s'est glissé sous le rideau.

Le son **ill** s'écrit **ill** dans fille ou **y** dans cra**y**on, ra**y**on, jo**y**eux.

5 Complète les mots.

- J'ai p......é son stylo. • La fleur de l......s est l'emblème des rois de France.
- La tortue a des éc......es. • Attention à ne pas écraser le t......au d'arrosage.
- J'ai fou......é mes poches pour trouver de la monn......e pour le pain. • J'ai réglé le lo......r. • As-tu app......é sur le bouton de l'ascenseur ?

Corrigés p. 3

GRAMMAIRE 4 : Identifier le nom : nom propre / nom commun

JE SAIS DÉJÀ

Reconnaitre les noms propres.

JE COMPRENDS

▸ Les noms de famille, les prénoms, les noms des villes et des pays sont des noms propres. Ils commencent par une majuscule.

Monsieur Gustave Martin habite à Paris en France.

▸ On utilise un nom commun pour désigner une personne, un animal, une chose ou un sentiment : Un enfant, un singe, une chaise, la joie.

CONSEILS PARENTS
Pour faire comprendre à votre enfant qu'un nom désigne un animal, une personne ou un objet, faites-lui faire des listes comme dans l'exercice 4.

★ **1** **Souligne les noms propres.**

La plus grande ville de France s'appelle Paris. Puis les deux villes les plus peuplées sont Marseille et Lyon. Les Français qui vivent à Toulouse et Nantes adorent leur ville. Mais les amateurs de montagne sont très heureux à Grenoble.

★★ **2** **Souligne en bleu les noms propres de personne, en rouge les noms propres géographiques.**

Léa et Emma sont parties en vacances en Italie. La grand-mère d'Emma s'appelle Angela et vit à Naples au sud de l'Italie. Elle a été ravie d'accueillir sa petite-fille et sa copine. Elles ont pris le bateau jusqu'à Capri, jolie ile qui se reflète dans la Méditerranée.

N'oublie pas de mettre une majuscule aux noms propres.

★★ **3** **Complète avec un des noms communs suivants : poulain, caneton, chiot, chevreau.**

- Le petit de la chèvre est le ....
- Le petit de la chienne est le ....
- Le petit de la jument est le ....
- Le petit de la cane est le ....

★★ **4** **Place les noms communs suivants dans la bonne liste.**

des carottes, une gomme, du savon, de la salade, des stylos, du shampooing, une brosse à dents, des feutres, des serviettes, une règle, des pommes.

- Au marché, je trouve : ....
- Dans ma trousse, il y a : ....
- Dans ma salle de bain, il y a : ....

★★ **5** **Souligne en bleu les noms propres, en vert les noms communs.**

Il était une fois un ours qui s'appelait Gaspard. Il vivait dans la montagne et aimait beaucoup le miel. Gaspard était amoureux d'une ourse, Grisounette, qui habitait en Espagne, de l'autre côté de la montagne. Il l'avait vue plusieurs fois, quand il pêchait dans les torrents. Mais Grisounette ne semblait pas s'intéresser à lui.

Corrigés p. 3

Conjuguer les verbes être et avoir au présent

JE COMPRENDS

Être	Je suis	Nous sommes
	Tu es	Vous êtes
	Il/elle est	Ils/elles sont
Avoir	J'ai	Nous avons
	Tu as	Vous avez
	Il/elle a	Ils/elles ont

CONSEILS PARENTS

Il faut bien apprendre à votre enfant à distinguer le verbe avoir et l'auxiliaire avoir qui lui sert à conjuguer les temps composés (passé composé...)

Apprends par cœur la conjugaison de être et avoir.

1. Ajoute les pronoms personnels qui manquent.

- .... avons un beau bateau.
- .... es un charmant petit garçon.
- .... ai 7 ans demain.
- .... avez un beau vélo électrique.
- .... suis une petite fille coquette.
- .... ont toujours faim.
- .... sommes heureux de vous avoir rencontrés.

2. Complète avec le verbe être au présent.

- Vous .... gentils.
- Nous .... heureux.
- Tu .... en colère.
- Ils .... à la campagne.
- Elle .... jolie.
- Je .... un champion.

3. Remets les mots dans l'ordre pour écrire des phrases correctes.

- sommes nous en retard à l'école. ....
- la girafe grand un animal est. ....
- le lapin de grandes oreilles a. ....
- tu de la chance souvent as. ....
- suis je fière de toi. ....

4. Complète ces phrases.

- Où .... mes poussins ? crie la poule.
- Où .... ma baguette magique ? crie la fée.
- Je n'............ plus de chapeau dit la sorcière.
- Les poussins .... ici, ils .... sous le chapeau de la sorcière.

5. Complète ce tableau de conjugaison.

Je .... un enfant bien élevé	Nous .... des enfants bien élevés
.... es un enfant bien élevé	Vous .... des enfants bien élevés.
Il/elle .... un enfant bien élevé	.... sont des enfants bien élevés.

Corrigés p. 4

BRAVO ! Tu as fini le chapitre 4.
Rendez-vous sur le site www.hatier-entrainement.com
pour encore plus d'exercices et de conseils !

VOCABULAIRE 5 — L'ordre alphabétique

JE SAIS DÉJÀ
Réciter l'alphabet.

JE COMPRENDS
L'alphabet est l'ensemble des 26 lettres de la langue française. On distingue 6 voyelles (**a, e, i, o, u, y**) et 20 consonnes.

A	B	C	D	E	F	G	H	I	J	K	L	M
N	O	P	Q	R	S	T	U	V	W	X	Y	Z

CONSEILS PARENTS
Votre enfant classe plus facilement les lettres du début de l'alphabet que les autres. Demandez-lui de ranger par ordre alphabétique des mots commençant par des lettres du milieu et de la fin.

1 ★ **Ajoute les lettres qui manquent dans cet alphabet.**
a, b, c, …., e, f, g, …., …., …., k, l, m, …., o, p, q, r, …., t, u, v, …., x, …., z.

2 ★★ **Classe ces prénoms par ordre alphabétique.**
Hugo, Arthur, Lola, Enzo, Nathan, Julie, Tom, Inés, Romane.

…………………………………………………………………………………………
…………………………………………………………………………………………

3 ★★ **Devinettes.**
- Quelle est la lettre qui est placée entre **g** et **i** ? ……..
- Quelle est la lettre qui est placée avant **w** ? ……..
- Quelle est la lettre qui est placée entre **d** et **f** ? ……..
- Quelle est la lettre qui est placée derrière **s** ? ……..

4 ★★ **Recopie cette phrase en utilisant les majuscules en lettres cursives.**
Anatole aime la bricole. Léonie aime plutôt les livres. Charlotte fait de la compote. Léon cuisine le potiron. Cunégonde se teint en blonde mais je la préfère en brune.

…………………………………………………………………………………………
…………………………………………………………………………………………
…………………………………………………………………………………………

Apprends bien à tracer les lettres majuscules cursives.

5 ★★ **Classe ces mots par ordre alphabétique.**
deux, grand, sage, enfant, chat, vélo, lit, petit.

…………………………………………………………………………………………
…………………………………………………………………………………………

Corrigés p. 4

ORTHOGRAPHE 5 — M devant m, b et p

JE SAIS DÉJÀ
- Devant **m**, **b**, **p**, le **n** s'écrit **m**.
- Une a**m**bulance, du plo**m**b, un garçon i**m**prudent, i**m**mangeable.
- Exception : un bo**n**bon

CONSEILS PARENTS
Montrez à votre enfant que cette règle implique que les sons an, en, in, on s'écrivent am, em, im devant m, b, p.

Pour bien mémoriser la règle souligne la lettre qui suit le **n** ou le **m** dans les exercices.

1 — Complète avec en ou em.
- sept……bre • une t……te • le t……ps • pr……dre • m……tir
- ……baller • un ……pereur • un inc……die • la p……te.

2 — Complète avec in ou im.
- ……visible • ……croyable • ……possible • ……bécile • le mat……
- un pr……ce • ……mangeable • ……probable • ……terdiction.

3 — Classe les mots dans le tableau.
compote, printemps, seconde, pompier, orange, manteau, timbre, gourmand.

Mots avec n	Mots avec m devant m, b, p

4 — Barre l'intrus de chaque ligne.
- la hanche, la jambe, le banc, la tante.
- le ballon, le hanneton, le bouton, le compas.
- l'exemple, l'encre, embêter, emmener.
- le sapin, juin, un imperméable, malin.

5 — Complète les devinettes.
- Il a été capturé, il est maintenant ……………… prisonné.
- On me trouve dans les bois à l'automne, je suis le ch………………
- Je suis le mois de Noël je suis le mois de ……………………
- Je suis sucré et les gourmands m'adorent, je suis le ……………………
- Je me penche à la fenêtre, je suis une petite fille ……………… prudente.

Corrigés p. 4

25

GRAMMAIRE 5 — Le groupe nominal

JE SAIS DÉJÀ
Identifier le nom.

JE COMPRENDS
Devant un nom commun, on utilise un petit mot : **un**, **une**, **des**, **le**, **la**, **les**, c'est un déterminant. Le déterminant et le nom forment le groupe nominal qu'on écrit souvent **GN**.   **Mon chat** s'appelle Socrate.

CONSEILS PARENTS
Parlez bien de groupe nominal à votre enfant, car le nom commun est rarement utilisé sans déterminant.

1 Souligne les GN dans chaque phrase.
- Le hérisson pique. • Je glisse sur le toboggan. • Mon tambour émet des sons assourdissants. • Mon chat a des griffes et de la moustache. • Les chaussettes de la duchesse sont sèches.

2 Barre l'intrus.
- un chat, un chien, féroce, une limace, une vache.
- petit, grand, gros, une fille, jaune.
- boire, manger, dormir, un lion, rire.

3 Replace les GN suivants dans le texte : l'eau, des animaux, des bactéries, hommes, la Terre.
- Il y a très longtemps sur ...., il n'y avait que de ....
- Les premiers êtres vivants furent .... • Bien plus tard, apparurent des .... • Il fallut encore attendre des millions d'années pour que les premiers .... s'installent sur ....

Le **GN**, dans une histoire ou une phrase, désigne souvent **de qui** ou **de quoi** on parle

4 Relie chaque nom propre à un groupe nominal.

Philomène • • une petit garçon
Tom • • une ville française
Venise • • une petite fille
Marseille • • une ville italienne
Minou • • un chat

5 Indique si le mot souligné est un verbe (V) ou un GN.

Léo adore (......) prendre son bain (......), tout seul. Mais Maman lui amène (......) souvent son frère Tom. Tom est un bébé, il lui arrive de faire pipi dans le bain, c'est dégoutant. Tom éclabousse (......) la salle de bain, alors quand Maman va chercher les pyjamas (......), Léo en profite (......) pour faire, lui aussi, quelques éclaboussures. Maman ne peut pas croire qu'un grand Léo se conduise comme un bébé (......). Comme Tom ne parle pas encore très bien, personne ne connait son secret (......).

Corrigés p. 4

CONJUGAISON 5 — Conjuguer le verbe chanter au présent

JE SAIS DÉJÀ
Conjuguer les verbes **être** et **avoir** au présent.

JE COMPRENDS

Je chant**e**	Nous chant**ons**
Tu chant**es**	Vous chant**ez**
Il/elle chant**e**	Ils/elles chant**ent**

CONSEILS PARENTS
Montrez à votre enfant que chacun de ces pronoms est associé à une terminaison verbale : tu => -s, nous => -ons, vous => -ez, ils et elles => -ent.

1 Écris devant chaque verbe le bon pronom personnel.

- .... marches
- .... parlons
- .... jouent
- .... sautes
- .... criez
- .... pleurent
- .... joues
- .... chuchotons
- .... pleurez
- .... parlent.

2 Complète avec la bonne terminaison.

- Léa chant........ très bien.
- Nous ador........ le chocolat.
- Vous compt........ les absents.
- Ils regard........ trop la télévision.
- Tu téléphon........ souvent à ta mamie.
- Hugo jou........ aux billes.
- J'aim........ faire du sport.

3 Complète avec le pronom personnel qui convient.

- .... caches bien ta jalousie envers ton frère.
- .... montons à cheval, chaque été.
- .... escaladez les rochers.
- .... portent des jupes roses.
- Enzo a bien appris sa leçon, ... la récite par cœur.

4 Conjugue le verbe entre parenthèses.

Le Cochon d'Inde (**être**) .... un animal affectueux. Il (**couiner**) .... quand il (**avoir**) .... faim. Il (**aimer**) .... les carottes et les pommes. Quand on le (**caresser**) ...., il (**être**) .... très content.

5 Conjugue le verbe entre parenthèses.

Ces oiseaux (**nicher**) .... dans les greniers. Quand leurs petits sont nés, ils leur (**donner**) .... à manger à la becquée. En effet, ils (**chasser**) .... les insectes, les (**attraper**) .... dans leur bec, en font de la bouillie qu'ils leur (**redonner**) .... directement dans le bec. Les petits (**voler**) .... tout seuls au bout de trois semaines.

tu ne sors jamais sans son **s**.

Corrigés p. 4

BRAVO ! Tu as fini le chapitre 5.
Rendez-vous sur le site www.hatier-entrainement.com pour encore plus d'exercices et de conseils !

VOCABULAIRE 6 — Le dictionnaire

JE SAIS DÉJÀ
Ranger des mots par ordre alphabétique.

JE COMPRENDS
Dans un dictionnaire, les mots sont classés par **ordre alphabétique**. Sur chaque double page, on trouve deux **mots repères** : le mot repère en haut à gauche est le premier mot de la page de gauche, celui de la page de droite est le dernier mot de la page de droite.

Si les mots repères de ton dictionnaire sont page 54 **indien** et page 55 **infect**, tu trouveras tous les mots entre **indien** et **infect** sur ces 2 pages.

CONSEILS PARENTS
Apprenez à votre enfant à s'aider des mots repères en haut des pages des dictionnaires quand il cherche le sens d'un mot. Il doit être méthodique : trouver les pages correspondant à la première lettre, puis le mot repère qui correspond aux trois premières lettres avant de parcourir la page qui contient le mot qu'il recherche.

1. Classe les mots suivants par ordre alphabétique.
Dindon, guimauve, moule, nouille, cabane, valise, kangourou, quille, hérisson, ânon, betterave, parents, raviolis, xylophone.

....

....

....

2. Barre les intrus qui ne figurent pas :
- entre les mots repères courir et craindre : courrier, couverture, craie, cahier.
- entre les mots repères gilet et godet : girafe, girouette, gare, glouton.
- entre les mots repères mille et minute : minable, minibus, ministre, mare.

Aide-toi des mots repères en haut des pages du dictionnaire.

3. Classe ces mots par ordre alphabétique.
la baleine, la coccinelle, le blaireau, le lama, la limace, l'abeille, la fourmi, la girafe, le gnou.

....

....

4. Réponds par Vrai ou Faux.
- Un dictionnaire donne le sens des mots. ....
- Il faut lire toutes les pages du dictionnaire pour trouver un mot. ....
- Pour trouver un mot on cherche d'abord si la lettre qui commence le mot est au début, milieu ou fin de l'alphabet. ....
- Pour trouver un mot, on s'aide des mots repères. ....
- L'ordre alphabétique concerne aussi toutes les lettres suivant la première lettre. ....

Corrigés p. 4

ORTHOGRAPHE 6 — Le son « k »

JE SAIS DÉJÀ

▶ Le son « q » s'écrit **c**, **qu**, **k**.

Une **c**age. Une **qu**eue. Un **k**épi.

▶ Attention aux sons **cr**, **cl**.

Un **cr**i, une **cl**aque.

CONSEILS PARENTS
Rappelez à votre enfant que la lettre c se prononce « s » devant e et i.

Vérifie dans un dictionnaire l'orthographe des mots dans lesquels tu entends le son « k ».

1 Souligne les mots dans lesquels tu entends « k ».
- un cirque ● un kangourou ● un car ● un garçon ● une coquille ● une quille
- cueillir ● un cri ● une cloche ● un caméléon ● un crocodile ● un abricot

2 Relève des mots avec **qu**, **c** qui se prononce « c » et ceux avec **cr**, et **cl**.
Classe-les dans ce tableau.
- Dans une crique, nous sommes allés à la pêche aux crabes et aux crevettes.
- Ce chien est calme et affectueux, il aime les caresses.
- Les chevaliers qui se combattaient au Moyen Âge avaient de lourds boucliers.
- Nous avons, au grenier, un jeu de quilles et un jeu de croquets.
- À quelle heure voulez-vous que nous venions ?
- Au cirque, les clowns font rire les enfants.

Mots avec qu	Mots avec c	cl ou cr

3 Complète avec **c**, **qu**, **cl**, **cr**.

● Le…aribou est une sorte de renne du …anada. ● L'avo…at est un fruit d'Améri….e latine. ● L'es……argot se réfugie dans sa ……o……ille. ● Le ……aneton est le petit du ……anard. ● Le ……i……et est un inse……te ……i ressemble à la sauterelle.

4 Barre l'intrus.
- le ciel, le car, la cire, le cerf.
- le cheval, le chien, le crabe, la vache.
- la laque, la quantité, la source, le koala.

5 Devinettes
- On me glisse dans la serrure pour ouvrir la porte, je suis une ………………………
- Je suis un animal qui saute et porte son petit dans sa poche, je suis le ……………
- Je suis une boisson, je suis noir et on me sert dans une tasse, je suis le ……………

Corrigés p. 4

GRAMMAIRE 6 — Les articles

JE SAIS DÉJÀ
- Repérer les GN.
- L'article est un déterminant qui se place devant le nom dans un GN.
- Les articles **un**, **le** s'écrivent devant un nom masculin : **un** garçon, **le** garçon.
- Les articles **une**, **la** s'écrivent devant un nom féminin : **une** fille, **la** fille.
- Les articles **des**, **les** s'écrivent devant un nom au pluriel : **des** garçons, **les** filles.
- Attention, devant un mot commençant par une voyelle **le**, **la** deviennent **l'** : **l'**oie, **l'**oiseau.

CONSEILS PARENTS
Montrez à votre enfant que le nom ne peut pas se conjuguer, mais que l'on peut mettre un ou une devant. C'est un moyen de le différencier du verbe.

1. Souligne les articles.
- une table • une chaise • un lit • ce réveil • mon assiette • ces meubles
- la vaisselle • le soleil • la lune • les étoiles • ce bateau • ces chaussettes
- mon vélo • un arbre • une fleur.

2. Souligne les articles.
- La voisine a perdu un chat.
- Je lis surtout des bandes dessinées.
- J'ai acheté un croissant à la boulangerie.
- Les parents ont le droit de regarder la télévision tard le soir.
- La fillette pousse un landau de poupée.
- J'ai trouvé des escargots de mer sur la plage.

3. Sépare l'article du nom.
- unartichaut • desabricots • ununivers • lesétoiles • unours • unearaignée
- unéléphant • lhélicoptère • leshistoires.

4. Barre l'article qui ne convient pas.
- un ou une abeille • le ou la cheminée • un ou une ardoise • le ou la tableau
- un ou une fantôme • le ou la cantine • un ou une bibliothèque • le ou la rivière
- un ou une oasis.

*Si tu ne sais pas si on dit **un oasis** ou **une oasis**, cherche le nom dans le dictionnaire, qui te dira s'il est masculin ou féminin. On dit **une oasis**.*

5. Complète avec l'article qui manque.

Camomille, ... sorcière veut aller à ....'école. Elle va dans .... supermarché, et hop elle se cache dans .... cartable. .... petite fille achète .... cartable. Elle n'a pas vu .... sorcière toute rapetissée dans .... des pochettes. .... lendemain, ... petite fille et .... sorcière partent à .... école. Camomille est très contente, elle va pouvoir apprendre à lire. Quand elle regarde .... livre de recettes magiques, elle ne sait lire que .... images, alors évidemment, elle se trompe souvent. Elle veut que son haricot vert devienne .... ver luisant, il devient .... lézard.

Corrigés p. 4

CONJUGAISON 6 — Conjuguer les verbes manger et commencer au présent

JE SAIS DÉJÀ
Conjuguer le verbe **chanter**.

JE COMPRENDS
Attention à la première personne du pluriel, les verbes en **-ger** s'écrivent **-geons**, les verbes en **-cer** s'écrivent **-çons**.

Commencer	Je commenc**e** Tu commenc**es** Il/elle commenc**e**	Nous commenç**ons** Vous commenc**ez** Ils/elles commenc**ent**
Manger	Je mang**e** Tu mang**es** Il/elle mang**e**	Nous mang**eons** Vous mang**ez** Ils/elles mang**ent**

CONSEILS PARENTS
Montrez à votre enfant que les verbes en ger et cer changent de radical juste devant la terminaison -ons : g devient ge et c/ç.

1 Souligne en bleu les verbes en -ger et en rouge les verbes en -cer.
- Vous chargez des cartons. • Il neige souvent en janvier. • Tu effaces le tableau.
- Je fatigue vite. • Le bateau tangue. • Le retour des hirondelles annonce le printemps. • Range tes affaires. • Tu envoies une carte postale à tes amis.

2 Recopie ces verbes au pluriel.
- J'efface. Nous ....
- Je corrige. Nous ....
- Je perce. Nous ....
- Je mélange. Nous ....
- Je place. Nous ....
- Je plonge. Nous ....

3 Trouve le verbe qui correspond au nom. Exemple : voyage / voyager
- Rangement : ....
- Correction : ....
- Natation : ....
- Vengeance : ....

Souviens-toi que **g + ons** = le son **gon** comme dans **gong**, mais on ne dit pas **nous mangons**, donc il faut bien un **e** entre le **g** et **ons**.

4 Conjugue les verbes entre parenthèses.
- Nous (**lacer**) .... bien nos chaussures pour ne pas tomber.
- Nous (**balancer**) .... nos bras en marchant.
- Nous (**sucer**) .... un bonbon.
- Nous (**encourager**) .... les joueurs.
- Nous (**déménager**) .... souvent.
- Nous (**exiger**) .... plus de frites à la cantine.

5 Retrouve les verbes suivants conjugués dans ces mots mêlés. • Tu (déménager)
- Nous (charger) • Vous (annoncer) • Nous (glacer) • Obliger (je) • Lacer (nous)
  - ABRIDEMENAGES • NIACHARGEONSE • NULGLAÇONSERI • OBLIGEEAUGRISE
  - NUAANNONCEZR • CLAÇONSBLEUET.

Corrigés p. 4

BRAVO ! Tu as fini le chapitre 6.
Rendez-vous sur le site www.hatier-entrainement.com
pour encore plus d'exercices et de conseils !

VOCABULAIRE 7 — Trouver le sens d'un mot

JE SAIS DÉJÀ
Trouver un mot dans le dictionnaire.

JE COMPRENDS
Le dictionnaire indique l'**orthographe d'un mot**, **sa classe grammaticale** et **son sens**. Un mot peut avoir plusieurs sens (ou plusieurs définitions) qui sont numérotés. Le contexte permet de choisir la bonne définition.

> **Âne** : n.m. **1.** Animal domestique à longues oreilles, plus petit que le cheval. **2.** Homme sot et ignorant.

CONSEILS PARENTS
Prenez le temps de consulter un article de dictionnaire pour débutants avec votre enfant. Montrez-lui qu'on peut comprendre le sens d'un mot à partir d'un mot de sens voisin : hardi = courageux.

★ **1** Combien de sens a le mot **lance** ? Que signifie **n. f.** ?
Lance : *n. f.* **1.** Arme offensive à long manche de bois se terminant par une pointe en fer. **2.** Pièce au bout d'un tuyau qui permet de diriger le jet d'eau.
....

★ **2** Pour chaque phrase, indique si le mot **lance** correspond à la définition **1** ou **2** ?
- a. Les pompiers ont branché leur lance à incendie. ....
- b. L'homme préhistorique chassait le mammouth avec des lances. ....

★★ **3** Vrai (V) ou Faux (F).
- « n » veut dire « nom » .... • « n. m » veut dire nom masculin ....
- « m » veut dire « masculin » .... • « adj » veut dire « adjectif » ....
- « f » veut dire « féminin » .... • « v » veut dire « verbe » ....

Quand tu n'arrives pas à trouver le sens d'un mot à partir de son contexte, cherche-le dans un dictionnaire.

★★ **4** Relie les verbes à leur définition ou à un mot de même sens.

- il m'a lancé le ballon • • mettre en route
- il a lancé le moteur • • faire commencer
- elle a lancé la mode des chapeaux verts • • envoyer
- l'avocat défend un accusé • • être interdit
- il est défendu de courir à la piscine • • soutenir

★★ **5** Complète chaque définition avec le mot qui convient.
- chêne • peuplier • sapin • pommier.
- Le .... est un arbre à feuilles caduques qui donne des glands.
- Le .... est un arbre à aiguilles persistantes.
- Le .... est un arbre fruitier.
- Le .... s'appelle ainsi car il se plie facilement dans le vent.

Vérifie bien tes réponses dans le dictionnaire.

Corrigés p. 5

Chouette CE1
7-8 ANS

Les corrigés
Français

✅ **La maitrise du langage** est au cœur du nouveau programme. Mieux les enfants manieront la langue, plus ils seront à l'aise dans les différents domaines. Ils repèreront plus facilement les vocabulaires spécifiques à chaque matière, comprendront mieux les énoncés et répondront plus précisément aux questions qui leur sont posées.

✅ **Au cycle 2** (CP, CE1 et CE2), votre enfant entre dans l'apprentissage du français par l'oral, l'écriture et la lecture. Parallèlement, il en apprend les règles. Il peut ainsi produire des énoncés mieux structurés, des écrits organisés et ponctués de plus en plus complexes, et surveiller son orthographe.

CORRIGÉS

Unité 1

VOCABULAIRE p.8

1 • une bille • des oiseaux • un sac de bonbons.

2 • Tu dessines un arbre. • La maitresse (maîtresse) explique une nouvelle leçon. • Léo calcule le résultat de cette opération. • Les élèves récitent leur poésie.

3 • calculer – calcul • multiplier – multiplication • copier – copie • lire – lecture • conjuguer – conjugaison • réciter – récitation.

4 une trousse, une règle, un crayon à papier, une gomme, un bâton de colle, un surligneur, une pochette de feutres, une pochette de crayons de couleur…

5

Lieux de l'école	Petit matériel	Gros matériel
loge de concierge	règle plate	bureau
préau	compas	étagères
cantine	trousse	bancs

ORTHOGRAPHE p.9

1 • de la viande • un camion • les freins

2 • un mécanicien • un peintre • un gardien • un musicien • une veine • la teinture • un martien • un lion

3 • un coin • une punition • un avion • avoir besoin • moins • un baboin • une pension • la pointe

4 poulain • pharmacien • peintre • triangle • italien • lion • levain • chirurgien • train

GRAMMAIRE p.10

1 Les enfants chuchotent dans la classe. La maitresse (maîtresse) est en train de distribuer les cahiers. Les élèves attendent leurs notes avec impatience. Certains sont un peu inquiets car ils n'avaient pas bien appris leur leçon.

2 Amélie reste à la maison car elle a la grippe. Le médecin a prescrit du repos. Elle ne peut pas aller à l'école. Elle a sommeil et se sent fatiguée. Amélie sera vite guérie et reviendra jouer avec les copains et copines à la fin de la semaine.

3 • Hier soir, j'ai regardé la télévision. • Maman a fait un gros gâteau au chocolat pour l'anniversaire de mon petit frère. • Je nettoie la litière du chat, chaque matin.

4 Les hippopotames sont de gros animaux qui vivent dans l'eau. Leur peau doit être toujours mouillée sinon ils seraient très malades car ils sont incapables de transpirer. Ils mangent quarante kilos de végétaux par jour.

5 Il était une fois, un homme nommé Gepetto. Il n'avait pas d'enfant. Un soir d'hiver, il fabriqua un pantin en bois qu'il appela Pinocchio.

CONJUGAISON p.11

1 • L'âne adore les carottes. • Les poupées attendent toujours la nuit noire pour se raconter des histoires.

2 • Passé • Futur • Présent • Passé • Futur.

3 • autrefois • aujourd'hui • demain.

4 Après ma naissance, j'étais un bébé. Quand je suis allé à l'école maternelle, j'étais un petit garçon. Aujourd'hui, je suis un enfant. Plus tard, je serai un adolescent. Un jour je deviendrai un adulte.

5 Les oiseaux pondent leurs œufs dans un nid. Selon les espèces, le père ou la mère couve pendant de longs jours. Un beau jour, les oisillons sortent de leurs coquilles. Désormais, les parents doivent les nourrir et leur apprendre à voler.

Unité 2

VOCABULAIRE p.12

1 • Vrai • Faux • Vrai • Vrai.

2 • Au mois d'aout (août) • Le printemps • minutes • l'après-midi • Chaque matin.

3 • lundi – lune • mardi – Mars • mercredi – Mercure • jeudi – Jupiter • vendredi – Venus • samedi – Sabbat • dimanche – jour de Dieu.

4 il y a longtemps • avant-hier • hier • aujourd'hui • demain • après-demain.

5 Exemples

Matin	Midi	Après-midi	Soir
École	Déjeuner	Judo	Bain
		Gouter	Diner
		Devoirs	Coucher

ORTHOGRAPHE p.13

1 • une abeille • une écaille • une bataille • un oreiller • une maille • le soleil • le travail • la paille • la bouteille • la treille.

2

Masculin	Féminin
épouvantail	bouteille
réveil	paille
éventail	merveille
écureuil	

3 • nouille • chatouille • poulailler • chenille • fille • groseille • famille • grenouille • fripouille • rouille.

4 • orteil • abeille • oreille • réveil

5 • mouille • réveille • grouillent • s'émerveille • brouille.

GRAMMAIRE p.14

1 Trois.

2 Trois.

3 Un oiseau cherchait un arbre pour construire son nid. Il s'approcha d'un sapin et lui dit : « O sapin, veux-tu me laisser construire un nid sur ta plus haute branche ? » Non. Non. Va-t'en, dit le sapin, j'abrite une chouette cela suffit. L'oiseau demanda à un chêne : « Grand chêne, puis-je construire mon nid sur tes branches ? » Non. Non, répondit le chêne, j'abrite déjà une famille d'écureuils.

CORRIGÉS

④ • Est-ce que tu as fait tes devoirs ?
• Est-ce que vous voulez du pain ?
• Est-ce que les garçons joueront au foot contre les filles ?
• Est-ce que tu peux me réciter un poème ?
• Est-ce que tu as vu la pie dans le jardin ?

CONJUGAISON p.15

① • mange • dort • ronge • grignotent • volent.
② • neigera • reviennent • fêterons • allons • réviserez • écrit.
③ • ont mangé • décorent • saute • danse • ramasserons.
④ • Nous • Aujourd'hui • Les sportifs.
⑤ • Je ne chante pas faux. • Les canards ne sont pas des oiseaux migrateurs. • Les voyageurs ne descendent pas du train. • Les enfants ne crient pas dans la cour.

Unité 3

VOCABULAIRE p.16

① • crâne • oreilles • yeux • lèvres.
② • nez • mains • muscles • os • saignons • dents.
③ (réponse libre et spécifique à chaque enfant)
④ Cette sorcière porte une grande robe noire. Elle fait peur avec son nez crochu, ses ongles longs, son menton pointu et ses pommettes saillantes. Sa langue est verte parce qu'elle mange des grenouilles.

ORTHOGRAPHE p.17

① • un chasseur • un coussin • une poussette • une brosse / • un maçon • du cidre • décembre • un garçon • une leçon • un reçu / • une invitation • la récréation • attention.
② • un singe • une saucisse • un sifflet • un poisson • le serpent • un dessin • une princesse • une histoire • une sorcière.
③ • cirque • cerceau • glacée • cette.
④ Un chasseur sachant chasser doit savoir chasser sans son chien.
⑤ • soir • histoire • princes • princesses • sorcière • se.

GRAMMAIRE p.18

① Je ne veux pas aller à l'école. Les souris n'aiment pas les chats. Les poissons ne volent pas. Tu n'as pas peur des loups.
② • Je n'ai pas de stylo vert. • La tortue n'a pas mangé la salade du jardin. • Je ne vais pas à la mer en hiver. • Il n'est pas drôle.
③ Tu ne chantes pas. • Elle ne rit pas. • Il ne marche pas.
④ Le chat miaule. • La poule glousse. • Le merle siffle.
⑤ Les enfants n'aiment pas le café.

CONJUGAISON p.19

① • Ils aiment → aimer • Nous voulons → vouloir • Ils prenaient → prendre • Tu es → être • Ils font → faire.
② • partir • visite • sortir • s'ouvrir • partir • regarder • acheter • emmener.
③ • danser • pêcher • jouer • lire.
④ • en train de boire • en train de préparer • en train de partir • en train de lire.
⑤ • être • remplacer • connaitre (connaître) • oublier • voir • demander • s'appeler • avoir • comprendre.

Unité 4

VOCABULAIRE p.20

① **Heureux** : joyeux, souriant, sourire, rire, content.
Malheureux : triste, pleurer, souffrir, larmes.
② • gai → triste • heureux → malheureux • aimer → détester • le calme → la colère • énervé → tranquille.
③ • il a peur • il est timide • il sanglote • est en colère.
④ • de la peur • de la tendresse • de la tristesse • de la jalousie • de la joie.

ORTHOGRAPHE p.21

① • nettoyer • un choix • joyeux • une croix • envoyer • un roi • employer • un oiseau • un loyer • le poil.
② • le lait • balayer • une rayure • une baie • une raie • payer • un rail • une fraise • une paille • un bail.
③ • nettoyé • envoyé • s'appuyer • payer • renvoyé.
④ • fille • famille • joyeux • s'ennuyer • crayon • taillé • rayon.
⑤ • payé • lys • écailles • tuyau • fouillé • monnaie • loyer • appuyé.

GRAMMAIRE p.22

① • France • Paris • Marseille • Lyon • Français • Toulouse • Nantes • Grenoble.
② **Noms de personnes** : Léa et Emma, Angela.
Noms géographiques : Italie, Naples, Capri, Méditerranée.
③ • chevreau • chiot • poulain • caneton.
④ • Au marché, je trouve : des carottes, de la salade, des pommes.
• Dans ma trousse, il y a : une gomme, des feutres, des stylos, une règle.
• Dans ma salle de bain, il y a : du savon, une brosse à dents, du shampooing, des serviettes.
⑤ **Noms communs** : un ours, la montagne, le miel, une ourse, côté, la montagne, les torrents.
Noms propres : Gaspard, Grisounette, Espagne.

CORRIGÉS

CONJUGAISON p.23

1 • Nous • Tu • J' • Vous • Je • Ils ou elles • Nous.

2 • êtes • sommes • es • sont • est • suis.

3 • Nous sommes en retard à l'école. • La girafe est un grand animal. • Le lapin a de grandes oreilles. • Tu as souvent de la chance. • Je suis fière de toi.

4 • sont • est • ai • sont • sont.

5 • suis • tu • est • sommes • êtes • Ils ou elles.

Unité 5

VOCABULAIRE p.24

1 • d • h • i • j • n • s • w • y.

2 • Arthur • Enzo • Hugo • Inès • Julie • Lola • Nathan • Romane • Tom.

3 • h • v • e • t.

5 • chat • deux • enfant • grand • lit • petit • sage • vélo.

ORTHOGRAPHE p.25

1 • septembre • une tente • le temps • prendre • mentir • emballer • un empereur • un incendie • la pente.

2 • invisible • incroyable • impossible • imbécile • le matin • un prince • immangeable • improbable • interdiction.

3 **Mots avec n** : seconde • orange • manteau • gourmand • printemps.
Mots avec m : compote • printemps • pompier • timbre.

4 • la jambe • le compas • l'encre • un imperméable.

5 • emprisonné • le champignon • décembre • bonbon • imprudente.

GRAMMAIRE p.26

1 • Le hérisson • le toboggan • Mon tambour • des sons assourdissants • Mon chat • des griffes • la moustache • Les chaussettes de la duchesse.

2 • féroce • une fille • un lion.

3 • la Terre • l'eau • des bactéries • des animaux • hommes • la Terre.

4 • Babar → Un éléphant • Philomène → une petite fille • Tom → un petit garçon • Venise → une ville italienne • Marseille → une ville française • Minou → un chat.

5 **Verbes** : adore • amène • éclabousse • profite.
GN : son bain • les pyjamas • un bébé • ce secret.

CONJUGAISON p.27

1 • **Tu** → marches, sautes, joues. • **Nous** → parlons, chuchotons. • **Vous** → criez, pleurez. • **Ils** ou **Elles** → jouent, parlent, pleurent.

2 • chante • adorons • comptez • regardent • téléphones • joue • j'aime.

3 • Tu • Nous • Vous • elles • il.

4 • est • couine • a • aime • caresse • est.

5 • nichent • donnent • chassent • attrapent • redonnent • volent.

Unité 6

VOCABULAIRE p.28

1 ânon – betterave – cabane – dindon – guimauve – hérisson – kangourou – moule – nouille – parents – quille – raviolis – valise – xylophone.

2 **Les intrus** : cahier • gare • mare.

3 • l'abeille • la baleine • le blaireau • la coccinelle • la fourmi • la girafe • le gnou • le lama • la limace.

4 • VRAI • FAUX • VRAI • VRAI • VRAI

ORTHOGRAPHE p.29

1 • un cirque • un kangourou • un car • une coquille • une quille • cueillir • un cri • une cloche • un caméléon • un crocodile • un abricot.

2 **Mots avec qu** : crique • qui • quilles • croquets • cirque. – **Mots avec c** : calme • les caresses – **Mots avec cl/cr** : crique • crabes • crevettes • boucliers • croquets.

3 • Le caribou • Canada • L'avocat • Amérique • L'escargot • coquille • Le caneton • le canard • Le criquet • insecte • qui

4 • le car • le crabe • la source.

5 • une clé • le kangourou • le café.

GRAMMAIRE p.30

1 • une • une • un • ce • mon • ces • la • le • la • les • ce • ces • mon • un • une.

2 • La • un • des • un • la • les • le • la • le • la • un • des • la.

3 • un artichaut • des abricots • un univers • les étoiles • un ours • une araignée • un éléphant • l'hélicoptère • les histoires.

4 • une abeille • la cheminée • une ardoise • le tableau • un fantôme • la cantine • une bibliothèque • la rivière • une oasis.

5 • La • l' • un • un • une • le • la • une • le • la • la • l' • un • les • un • un.

CONJUGAISON p.31

1 **Verbes en -ger** : chargez • neige • range. – **Verbes en cer** : effaces • annonce – **Autres** : fatigue • tangue • envoies.

2 • Nous effaçons • Nous perçons • Nous plaçons • Nous corrigeons • Nous mélangeons • Nous plongeons.

3 • Ranger • nager • corriger • venger.

4 • Nous laçons • nous balançons • nous suçons • nous encourageons • nous déménageons • nous exigeons.

5 • ABRI DEMENAGES • NIA CHARGEONS E • NUL GLAÇONS ERI • OBLIGE EAUGRISE • NUA ANNONCEZ R • C LAÇONS BLEUET.

4

CORRIGÉS

Unité 7

VOCABULAIRE p.32

1 • Ce mot a deux sens. n. f. = nom féminin.
2 • a. = 2 • b. = 1
3 • Toutes les phrases sont vraies.
4 • il m'a lancé le ballon • envoyer.
il a lancé le moteur • mettre en route.
elle a lancé la mode des chapeaux verts • faire commencer
l'avocat défend un accusé • soutenir
il est défendu de courir à la piscine • Être interdit.
5 • Le chêne • Le sapin • Le pommier • Le peuplier.

ORTHOGRAPHE p.33

1 • **Je vois « j »** : jeudi • joli • la jungle – **Je vois ge, gi, gy** : une image • un gymnaste • un magicien • un pigeon • un geai • un gilet – **Je vois g** : grand • griffe • glouton • la jungle.
2 • une gomme • une bague • glisser.
3 • galoper • une figue • rigolo • une gomme • un garçon • la guitare • le guidon • du gui • une image • un village.
4 • une jupe • une gifle • un gibbon • une jambe • jaune • gentil • la géographie • le jour • juin • une cage • joli • une orange.
5 • le fromage • la girafe • janvier • le jardinier • le jour.

GRAMMAIRE p.34

1 • des limaces • des bijoux • des marmites • ces hiboux • mes copains • les élèves.
2 • **Singulier** : une pantoufle • un renard • mon chat • la couette • un fromage • ce chocolat – **Pluriel** : des chaussons • ces mouettes • les draps • des bonbons.
3 • Trente élèves • mes parents • deux oreilles • les nuits • beaucoup de jouets • des hippopotames.
4 • trois buts • dix billes • six bonbons • quatre erreurs • Tous les enfants.
5 • des fleurs • quatre tomates • des courgettes • des aubergines • deux poivrons • des oignons • des fruits • des pommes • des poires • des yaourts.

CONJUGAISON p.35

1 • Il ou elle • nous • Je ou tu • Vous • Ils ou elles • Ils ou elles.
2 • fais • fais • fait • faisons • faites • font.
3 • faisons • faites • disent • dis • faites • se font • dis.
4 • avez • faites • sommes • disent • font • joues • fais • mange • dites.

Unité 8

VOCABULAIRE p.36

1 • des oiseaux • des céréales • des bateaux • des outils • des villes • des maladies.
2 • des sports • des fleurs • des animaux (domestiques) • des fruits.
3 • un canard • une porte • une poissonnerie.
4 • **Couleurs** : Jaune • vert • bleu • rouge • gris • noir • blanc. – **Métiers** : pharmacien • médecin • charcutier • ingénieur • jardinier • boulanger. – **Instruments de musique** : piano • guitare • violon • harpe • accordéon • harmonica.

ORTHOGRAPHE p.37

1 • Un appareil • s'approche • notre appartement • appartient • apparait • appétit.
2 • accompagne • accents • accroché • acceptons • accroupissez • accident.
3 • offert • efforts • affiche • affreux • efface • efficace.
4 • affoler → affolement • apprendre → apprentissage • appuyer → appui • applaudissement → applaudir • accueillir → accueil • accompagner → accompagnateur.
5 • accordéon • acacia • acrobate.

GRAMMAIRE p.38

1 • **Noms masculins** : le vase • ce crocodile • un livre • un voyage • cet homme • l'éléphant • le poirier • le panier.
Noms féminins : une gazelle • cette plume • une valise • la colle • une maison • la pie • la chienne.
2 • le ou un miroir magique • la ou cette ou une fée • cette ou la ou une baguette magique • la ou une ou ma chambre • le ou un magicien • ma ou l'ardoise.
3 • une gomme • une plume • un stylo • un feutre • une poche • un cartable • une règle • une équerre • un compas.
4 • l'herbe (féminin) • l'ours (masculin) • l'adresse (féminin) • l'école (féminin) • l'arbre (masculin) • l'animal (masculin).
5 • une mère • une sœur • une grand-mère • une tante • une nièce • une cousine.

CONJUGAISON p.39

1 • je • vous • ils ou elles • tu • il ou elle • nous • vous.
2 • Je vais bien. • Tu vas bien. • Il ou elle va bien. • Nous allons bien. • Vous allez bien. • Ils ou elles vont bien.
3 • Vas • allons • va • va • vont • allez.
4 • Vient • viens • faites • fait • allez • dis.
5 • Je vais bien. • On fait un gâteau au yaourt avec un yaourt, de la farine, de la levure, du sucre et des œufs.

CORRIGÉS

Unité 9

VOCABULAIRE p.40

1 **Indications de lieu** : autour • ailleurs • partout • sur • sous • vers.
Indications de temps : toujours • parfois • souvent • enfin.
2 • Sous • jamais • vers • parfois • ailleurs • plus.
3 • Sur • devant • devant et derrière • sous • dessous • dessus.
4 • Lentement • vite mais pas longtemps • brusquement.
5 • Dans • sur • sur • chez le • chez • devant • en • vers.

ORTHOGRAPHE p.41

1 • Le moul<u>in</u> • le s<u>in</u>ge • le tr<u>ain</u> • la f<u>aim</u> • le d<u>in</u>don • un n<u>ain</u> • un t<u>im</u>bre • une t<u>ein</u>te • la c<u>ein</u>ture • le pouss<u>in</u>.
2 **Mots en -in** : le magasin • le chagrin • le jardin. – **Mots en -ain** : maintenant • demain • pain. – **Mots en -ein** : le rein • plein • le sein.
3 • lapin – chemin – lapin – copains. • cousin – Martin. • poulain – malin – coquin. • bain – dauphins – requins.
4 • vient – train • chien – dindon – poussins – lapin • ceinture – imperméable • reins – bien – vingt.
5 • perméable → imperméable • mobile → immobile • patient → impatient • Supportable → insupportable • visible → invisible • mangeable → immangeable.

GRAMMAIRE p.42

1 • gentille • méchante • vilain • belle • magique • noir • gros • vieil • hibou • malin • multicolore.
2 • grosse • rouge • gris • gros • gentil • rose • verte • jolie • rond.
3 • Le Petit Chaperon rouge. • Blanche Neige et les 7 nains. • La petite sirène. • Le vilain petit canard. • Le Petit Poucet. • Barbe bleue. • Les trois petits cochons.
4 • les gros gâteaux • un pull rouge • ce vent chaud • le grand bain • un long cou • le gentil chien • la balle verte • le gros chat • la pierre chaude • Le lièvre rapide – la tortue lente.

CONJUGAISON p.43

1 • Tu mangeras. • Nous chanterons. • Vous aimerez. • Elle commencera. • Ils compteront. • Il gagnera. • Vous chasserez. • Je téléphonerai.
2 • J'aiderai • Tu arriveras • Il ou elle révisera • Nous rangerons • Vous protégerez • Il ou elles mangeront.
3 • Tu étudieras • Je demanderai • Elle fermera • Nous réparerons • Les volets claqueront • Les fenêtres fermeront.
4 • rentrera • fumera • roulera • travailleras • terminerai • réparera • remplaceront.
5 • surveille • imagines • devine • chante • gardons • dorlote • ramassez • oublie.

Unité 10

VOCABULAIRE p.44

1

avoir un chat dans la gorge	être enroué
sauter du coq à l'âne	changer souvent de sujet
avoir la tête dans les nuages	être distrait
prendre les jambes à son cou	s'enfuir
donner un coup de main	aider

2 • Éclater de rire • Mettre les pieds dans le plat • Les murs ont des oreilles • Marcher sur des œufs • Broyer du noir.
3 • se coucher avec les poules → se coucher de bonne heure • mettre la main à la pâte → aider • avoir plusieurs cordes à son arc → être capable de faire plusieurs choses • être rangés en rang d'ognons → être rangés en une seule ligne.
4 • dort sur ses deux oreilles • donne ta langue au chat • des histoires à dormir debout.
5 • mort de peur • faire mal au cœur • trous de mémoire.

ORTHOGRAPHE p.45

1 • un coiffeur/une coiffeuse • un instituteur/une institutrice • un charcutier/une charcutière • un pharmacien/une pharmacienne • un acteur/une actrice • un musicien/une musicienne.
2 • chien/chienne • chat/chatte • lion/lionne • ours/ourse • canard/cane • coq/poule • cheval/jument • âne/ânesse • tigre/tigresse.
3 • une invitée • une cousine • une commerçante • une renarde.
4 • une princesse • une ogresse • une maitresse (maîtresse) • une comtesse • une gardienne • une championne.
5 **Femme** : aviatrice • tra<u>d</u>uctrice • infirmière – **Homme** : vendeur.

GRAMMAIRE p.46

1 • il • ils • il • elles • ils.
2 • les hirondelles, les crevettes → elles.
• le parapluie, le chapeau → il.
• les crayons, les feutres → ils.
• la fillette, la jeune fille → elle.
3 • je = Manon • Tu = Caty • Il = Hugo.
4 • les cochons • le loup • les cochons • les cochons • le loup • la forêt.
5 • vous • vous • je • tu • je • tu • nous • tu.

CONJUGAISON p.47

1 • Quand je serai grande, j'aurai un cheval. • Quand tu seras grande, tu auras un cheval. • Quand il/elle sera grand(e), il/elle aura un cheval. • Quand nous serons grand(e)s, nous aurons

CORRIGÉS

un cheval. • Quand vous serez grand(e)s, vous aurez un cheval. • Quand ils/elles seront grand(e)s, il/elless auront un cheval.

2 • Tu auras • Tu seras – tu seras • J'aurai • Nous serons • Vous aurez • Seront.

3 • Elles • elles • ils.

4 • serez • auras • serons • serai • auras.

5 • serai • raconterai • seront • aurai • aimeront • auront • seront.

Unité 11

VOCABULAIRE p.48

1 • regarder : observer • crier : hurler • image : illustration.

2 • Papa prépare le diner (dîner). • Je dessine une carte de France. • Maman écrit un texto. • Théo construit une maquette d'avion. • Je nettoie les vitres.

3 • une carapace • un vélo • mou • agile.

4 • détective • ami • s'est envolé • a enfilé • s'est perdu • métropole • lire.

ORTHOGRAPHE p.49

1 • courte • jolie • ancienne • peureuse • grise • dure • douce • grande • ronde • haute.

2 • belle → beau • nouvelle → nouveau • coquette → coquet • vive → vif • rousse → roux • grise → gris • plate → plat

3 • touffue • rusé • mignonne • bleu.

4 • petite • noire • grosse • jolie • discrète • nouvelle • peureuse • première • vieille.

5 • blanc → blanche • neuf → neuve • méchant → méchante • noir → noire • vert → verte.

GRAMMAIRE p.50

1 • L'avion • Les voitures • L'ours • Papa • Elle • Les enfants • Le chat • Le parachutiste • Pierre.

2 • Il • elle • elle • il • elle.

3 • C'est l'oiseau qui fait son nid. • C'est le facteur qui distribue le courrier. • Ce sont les enfants qui lisent un livre. • C'est la sœur de Léo qui est au CP. • Ce sont les éléphants qui sont puissants.

4 • <u>Théo</u> est un petit garçon malicieux. • <u>Le lapin</u> mange des carottes. • <u>Hugo et Yanis</u> jouent au foot. • <u>Elle</u> aime le chocolat. • <u>Nos voisins</u> ont un joli chat.

CONJUGAISON p.51

1 • Je ferai • Il fera • Nous ferons • Vous ferez • Les élèves feront.

2 • Tu iras • Maman ira • Nous irons • Vous irez • Tu diras.

3 • Tu • nous • Ils ou elles • Nous • Vous • Il ou elle.

4 • Il fera • il ira • Léo lira • Sa maman n'aura • Emma dira.

Unité 12

VOCABULAIRE p.52

1 • honnête → malhonnête • beau → laid • chaud → froid • entrer → sortir • lentement → rapidement.

2 • maladroit • méchant • propre • fermer • facile • heureux.

3 • dé • il • im • mal • dés • in • ir • in.

4 • malchanceux • incorrect • indiscret • injuste • malheureuse • maladroit.

5 • grand • en haut • adorait • beaucoup • énormes • toujours.

ORTHOGRAPHE p.53

1 • des trous profonds • des souris vertes • des chanteurs célèbres • des chats sauvages • des poules rousses • des cochons roses.

2 • un homme courageux • un nouveau livre • un oiseau multicolore • un petit bras • un livre épais • un moteur silencieux.

3 • bleues • fourrées • gros • noirs.

4 • douces • grandes • anciennes • longues • sucrées.

GRAMMAIRE p.54

1 • habitent une maison forestière • préparent leur diner • est trop chaud • décident de partir en promenade • oublient la clé • arrive.

2 • pense à ses amis • ronge son os • jouent à chat • ont acheté des glaces au chocolat • grignote les croutes de fromage • portent de grands chapeaux noirs.

3 • les oiseaux construisent des nids • les esquimaux chassent les phoques • la mouette aime le poisson • les élèves lisent un roman • les jardiniers plantent des arbres.

4 • La pie vole les objets brillants • Le chat miaule • Le bébé suce son pouce • Le boulanger vend du pain • La fée a une baguette magique • Le vélo est neuf.

5 • Je prépare un bon chocolat. • Je fais chauffer le lait dans une casserole. • Quand le lait est chaud, le chocolat fond facilement. • Il faut ajouter du sucre. • On peut laisser mijoter à feu doux, cinq minutes.

CONJUGAISON p.55

1 • Nous • Vous • Vous • Il ou elle • Ils ou elles • Nous • J' ou tu • Nous.

2 • Nous avions de beaux cadeaux d'anniversaire quand nous étions petits. • Vous étiez les meilleurs copains du monde quand vous aviez 8 ans. • J'avais la chance d'avoir un grand jardin.

3 • J'allais à la piscine • Tu allais à la piscine • Il ou elle allait à la piscine • Nous allions à la piscine • Vous alliez à la piscine • Ils ou elles allaient à la piscine.

4 • Le roi avait beaucoup de pouvoir. • La princesse n'avait pas envie de se marier. • Elle allait souvent à la chasse. • Le fraisier avait des fleurs avant les fruits. • Nous avions soif. • Vous alliez au bal. • Ils allaient au cinéma.

CORRIGÉS

Unité 13

VOCABULAIRE p.56

1 • rond • chance • œuvre • consommer • rose • fusil.

2 • Fusiller → fusillade • changer → changement • livrer → livraison • fermer → fermeture • Bercer → berceuse • guérir → guérison • plonger/plongeon.

3 • surveiller • habiter • transformer • aimer • chanter • ramasser • croiser • user.

4 • brume, brumisateur, brumeux. • brusque, brusquement, brusquer. • bruler, brulure, bruleur.

ORTHOGRAPHE p.57

1 • galop • saut • croc • lit • riz • rat • bavard • grand • rond • pont.

2 • chocolat • renard • tricot • lait • outil • tas • blanc • étroit • abricot • part.

3 • gros • grand • chaud • petit • rond • vert • lourd • bas • absent • long • haut • doux.

4 • regard • repos • récit • bavard • achat • absent • marchand • blanc • toux.

5 • ailleur<u>s</u> • alor<u>s</u> • aprè<u>s</u> • aussitô<u>t</u> • autan<u>t</u> • avan<u>t</u> • beaucou<u>p</u> • bientô<u>t</u> • dan<u>s</u> • dehor<u>s</u> • depui<u>s</u> • dessou<u>s</u> • dessu<u>s</u> • devan<u>t</u> • jamai<u>s</u> • là-ba<u>s</u> • longtemp<u>s</u> • maintenan<u>t</u> • mai<u>s</u> • moin<u>s</u> • parfoi<u>s</u> • pendan<u>t</u> • pourtan<u>t</u> • pui<u>s</u> • quan<u>d</u> • san<u>s</u> • seulemen<u>t</u> • sou<u>s</u> • souven<u>t</u> • toujour<u>s</u> • tro<u>p</u>.

GRAMMAIRE p.58

1 <u>Repeins</u> |la barrière|. |Achète| |des légumes|. |Porte| |un cartable trop lourd|. |Admire| |un énorme tracteur rouge|. |Allume| |un grand feu|.

2 • <u>leur ballon</u> • <u>ses lunettes</u> • <u>un film</u> • <u>une souris</u> • <u>leurs feuilles</u> • <u>son livre</u>.

3 • Maman la gare. • Max les mange. • Emma la range. • La tempête les a surpris. • La maitresse (maîtresse) les gronde.

4 • la girafe • son bain • leur devoir à la maitresse (maîtresse) • un but • un air triste • son poème.

5 **GS** : la sirène • le pêcheur • nous • Gepetto • les rapaces. **Complément du verbe** : un chant merveilleux • un calamar géant • le château de Versailles • d'enfant • leurs proies.

CONJUGAISON p.59

1 • avait lieu • commençait • décidait • aimait.

2 • Je jouais tranquillement. • Tu lançais le ballon. • Nous cuisinions. • Vous rouliez trop vite. • Les requins nageaient près de la plage. • Le lion s'avançait sans bruit.

3 • Je corrigeais • j'effaçais • je perçais • je partageais • je laçais.

Unité 14

VOCABULAIRE p.60

1 • <u>pré</u>dire • <u>pré</u>nom • <u>re</u>passer • <u>re</u>sserver • <u>ré</u>chauffer • <u>re</u>venir • <u>pré</u>molaire.

2 • balay<u>age</u> • frit<u>ure</u> • addi<u>tion</u> • multiplica<u>tion</u> • lect<u>ure</u> • découp<u>age</u>.

3 • large → largeur • haut → hauteur • déraper → dérapage • tisser → tissage • grand → grandeur.

4 • largeur : nom commun • recommencer : verbe • revoir : verbe • blancheur : nom commun • douceur : nom commun • addition : nom commun • brulure : nom commun • balayer : verbe.

5 • Vrai • Vrai • Faux • Vrai • Faux

ORTHOGRAPHE p.61

1 • tu → marches sur un fil • nous → avons froid • je → suis un super champion • Théo → adore le chocolat • Emma et Louis → vont à la piscine.

2 • chante • se disputent • dorment • est • aide.

3 • Des poules cherchent leurs poussins. • Des princesses n'aiment pas les choux verts. • Ces cartables pèsent lourd. • Les chapeaux cachent un lapin.

4 • Les acrobates • La lune • La mer • Les étoiles • La souris • Les souris.

GRAMMAIRE p.62

1 • Chaque mercredi • dans un grand chaudron • chaque automne • trop vite • aux prochaines vacances.

2 • le matin • en Italie • en musique • dimanche prochain • dans mon jardin • faux.

3 • dans un tiroir • sur le radiateur • sur la plus haute branche • au grenier.

4 • En été • à l'approche de l'automne • Chaque soir • Tous les matins.

CONJUGAISON p.63

1 • Nous • Vous • Ils ou elles • nous • Il ou elle • Ils ou elles.

2 • faisaient • disait • avaient • disait • allaient • préparaient.

3 • faisait • alliez • faisais • faisait • faisiez • disaient.

4 • faisait • faisais • allait • disaient.

ORTHOGRAPHE 7 — Les sons « j » et « g »

JE SAIS DÉJÀ
Il y a plusieurs manières d'écrire les sons « j » et « g ».

JE COMPRENDS

▶ Le son « g » s'écrit :
- **g** devant **a, o, u, l, r** : une gare, une gomme, un légume, une règle, la grippe.
- **gu** devant **e** et **i** : un guépard, du gui.

▶ Le son **j** peut s'écrire :
- **j** : un jouet.
- **g** devant **e, i** et **y** : une luge, une girafe, la gymnastique.
- **ge** devant **a** ou **o** : un géant, un cageot.

CONSEILS PARENTS
Rappelez à votre enfant que les voyelles e et i modifient aussi le c en s.

1. Classe les mots dans le tableau suivant.

- jeudi • une image • joli • la jungle • un gymnaste • un magicien • un pigeon
- un geai • un gilet • grand • griffe • glouton.

Je vois j	Je vois ge ou gi / gy	Je vois g

2. Barre l'intrus.

- une guêpe, une guirlande, une gomme, une guimauve.
- une gare, une bague, un gorille, une virgule.
- un ogre, une grimace, la grippe, glisser.

3. Complète avec g ou gu.

- .....aloper • une fi.....e • ri.....olo • une .....omme • un .....arçon • la .....itare
- le .....idon • du .....i • une ima.....e • un villa.....

4. Complète avec j, gi, ge.

- une .....upe • une .....fle • un .....bbon • une .....ambe • .....aune • .....ntil
- la .....ographie • le .....our • .....uin • une ca..... • .....oli • une oran.....

On ne met pas de i après le j, mais on écrit un pyjama. La lettre j s'emploie surtout au début des mots.

5. Devinettes. Tous les mots contiennent le son « j ».

- Les souris m'aiment beaucoup, je suis le ....
- Je suis un animal avec un très long cou, je suis la ....
- Je suis le premier mois de l'année, je suis le mois de ....
- Je cultive les fleurs et les légumes, je suis le ....
- Je suis le contraire de la nuit, je suis le ....

Corrigés p. 5

GRAMMAIRE 7 — Singulier / pluriel

JE SAIS DÉJÀ

> Un nom ou un GN est singulier quand il désigne un seul animal, une seule personne, une seule chose. Un nom ou GN est au pluriel quand il désigne plusieurs animaux, plusieurs personnes, plusieurs choses.
> Au pluriel, les noms se terminent le plus souvent par la lettre **s**, parfois par la lettre **x**.
> Les déterminants : **les**, **des**, **mes**, **ces**... indiquent que le nom est au pluriel.
>
> J'ai **un** stylo dans ma trousse / J'ai **des** stylo**s** dans ma trousse.

CONSEILS PARENTS
Reliez avec un code couleur le s du déterminant avec celui du nom pour que votre enfant mémorise bien des exemples.

1 Entoure les GN qui désignent plusieurs personnes, plusieurs choses ou plusieurs animaux.

- des limaces
- des bijoux
- un collier
- la casserole
- des marmites
- un oiseau
- ces hiboux
- mes copains
- ma famille
- la classe
- les élèves
- un jouet

2 Indique à côté de chaque GN : singulier (s) ou pluriel (p).

- une pantoufle ....
- un renard ....
- des chaussons ....
- mon chat ....
- ces mouettes ....
- la couette ....
- les draps ....
- un fromage ....
- ce chocolat ....

3 Complète ces GN avec l'un de ces déterminants : mes, deux, beaucoup de, les, des, trente.

- Nous sommes .... élèves par classe.
- .... parents m'aident à faire mes devoirs.
- J'ai .... oreilles.
- .... nuits deviennent froides en automne.
- Tu as .... de jouets, tu es vraiment un enfant chanceux.
- .... hippopotames étaient sur le rivage quand un lion vint boire à la rivière.

4 Souligne les GN au pluriel dans ce texte.

« Je suis le plus fort, dit Hugo, j'ai marqué trois buts. Non c'est moi, dit Tom, j'ai gagné dix billes. Moi, j'ai mangé six bonbons, dit Emma. Et bien moi, dit Hugo, j'ai fait quatre erreurs à ma dictée ». Tous les enfants partent dans un grand fou rire.

5 Souligne les GN au pluriel dans ce texte.

Je suis allée au marché avec papa. Nous avons acheté des fleurs. Nous avions envie de faire une ratatouille. Nous avons choisi quatre tomates, des courgettes, des aubergines, deux poivrons et des oignons. Nous allions oublier de prendre des fruits, mais nous avons fait peser des pommes et des poires. Nous avons acheté aussi des yaourts.

La lettre **s** marque le pluriel des mots qui forment le GN.

Corrigés p. 5

CONJUGAISON 7 — Conjuguer les verbes faire et dire au présent

JE SAIS DÉJÀ

Conjuguer **être**, **avoir**, les verbes du **1ᵉʳ groupe**.

JE COMPRENDS

Faire	Je fai**s** Tu fai**s** Il/elle fai**t**	Nous fai**sons** Vous fai**tes** Ils/elles f**ont**
Dire	Je di**s** Tu dis Il/elle di**t**	Nous di**sons** Vous di**tes** Ils/elles di**sent**

CONSEILS PARENTS

Faites bien mémoriser la conjugaison de ces deux verbes à votre enfant en lui demandant d'épeler les formes quand il vous les récite.

★ 1 Ajoute les pronoms personnels qui manquent.

- …………… dit n'importe quoi.
- …………… faites des progrès.
- …………… faisons des courses.
- …………… disent toujours la vérité.
- …………… fais mes devoirs à l'école.
- …………… font un dessin.

★★ 2 Complète les phrases avec le verbe « faire » conjugué au présent.

- Je …………… du sport et du dessin.
- Tu …………… bien la cuisine.
- Il …………… ses devoirs tous les jours.
- Nous …………… du théâtre.
- Éva et toi, vous …………… la cuisine ce soir.
- Paul et Jean sont occupés, ils …………… un jeu.

Les verbes faire et dire sont irréguliers uniquement après le pronom **vous**.

★★ 3 Écris le verbe entre parenthèses à la forme qui convient.

- Nous (**faire**) …………… un château de cartes. Je ne comprends pas ce que vous (**faire**) …………… .
- Les élèves (**dire**) …………… que cet exercice est trop difficile.
- Réfléchis bien à ce que tu (**dire**) …………… .
- Vous ne (**faire**) …………… pas assez attention aux consignes.
- Ils tombent et se (**faire**) …………… mal.
- Je (**dire**) …………… qu'il va faire beau.

★★ 4 Écris le verbe entre parenthèses à la forme qui convient.

- Vous (**avoir**) …………… de la chance vous (**faire**) …………… partie des gagnants de notre jeu.
- Nous (**être**) …………… contents de votre travail.
- Ils (**dire**) …………… qu'ils (**faire**) …………… des progrès.
- Tu (**jouer**) …………… du piano et tu (**faire**) …………… des gammes régulièrement.
- Je (**manger**) …………… de tout. Qu'est-ce que vous (**dire**) …………… ?

Corrigés p. 5

BRAVO ! Tu as fini le chapitre 7.
Rendez-vous sur le site www.hatier-entrainement.com
pour encore plus d'exercices et de conseils !

VOCABULAIRE 8 — Les mots génériques

JE SAIS DÉJÀ
Chercher le sens d'un mot dans le dictionnaire.

JE COMPRENDS
Certains mots peuvent être regroupés car ils désignent des catégories d'objets, d'animaux de personnes qui ont des points communs. Les mots qui peuvent les englober s'appellent des mots génériques.

Un homme, une femme, des enfants sont des êtres humains.

CONSEILS PARENTS
Votre enfant doit acquérir un vocabulaire de plus en plus précis mais doit aussi apprendre à faire des classements d'objets, de personnes, etc. Ces mots génériques lui permettent de le faire plus facilement.

Tu connais peut-être le terme de mot étiquette, c'est la même chose qu'un terme générique.

1 Associe à chaque série de noms, un de ces noms génériques : des oiseaux, des céréales, des villes, des bateaux, des outils, des maladies.

- un aigle – un merle – un rouge-gorge – une mouette : ....
- le blé – le riz – le seigle – l'avoine – le maïs : ....
- un voilier – une barque – un paquebot – un cargo : ....
- un marteau – un tournevis – une pince – une perceuse : ....
- Paris – Lyon – Rouen – Caen : ....
- la grippe – la rougeole – le rhume – la varicelle : ....

2 Trouve un nom générique pour chaque série de noms.

- le tennis – la natation – le judo – le football – le basket : ....
- la tulipe – la rose – le lilas – la pivoine : ....
- le chat – le chien – la perruche – le cochon d'inde : ....
- la prune – la pomme – la cerise – la fraise : ....

3 Barre l'intrus.
- une carotte • un navet • une salade • une courgette • un canard
- un pantalon • une jupe • des chaussettes • une porte • un tricot
- un immeuble • une maison • une cabane • un igloo • une poissonnerie.

4 Classe dans le tableau les mots dans la bonne liste.
Jaune, pharmacien, médecin, piano, guitare, vert, accordéon, gris, harmonica, noir, boulanger, bleu, charcutier, ingénieur, jardinier, rouge violon, blanc, harpe.

Couleurs	Métiers	Instruments de musique

Corrigés p. 5

ORTHOGRAPHE 8 — Les mots en ap- et en ac-, aff-, eff- et off-

JE SAIS DÉJÀ

▶ Les mots commençant par **ac-** prennent généralement deux **c** : accident, accueil, sauf pour les mots suivants : acacia, académie, acajou, acariâtre, acarien, acompte, acoustique, acrobate, âcre, actualité.

▶ Les mots commençant par **ap-** prennent généralement deux **p** : appeler … sauf : apercevoir, apéritif, aplatir, apostrophe, apaiser, après.

▶ Les mots commençant par **aff-**, **eff-**, **off-** prennent deux **f** : une affiche, un effort, offrir … sauf Afrique et afin.

CONSEILS PARENTS

Au CE1, il est préférable que votre enfant connaisse bien ces règles et ne s'attache pas trop aux exceptions qu'il révisera tout au long de sa scolarité.

1 Souligne les mots qui commencent par **app-**.

• Si tu suces ton pouce, tu porteras un appareil dentaire. • Nous prendrons l'apéritif sur la terrasse. • Le loup s'approche doucement du petit cochon. • Nous aimons beaucoup notre appartement. • Ce tricot appartient à ma sœur. • Le soleil apparait derrière les nuages. • J'ai aperçu un lapin au bord de la route. • Nous mangeons de bon appétit.

2 Souligne les mots qui commencent par **acc-**.

• Les fleurs d'acacia sont blanches. • Elle m'accompagne au judo. • N'oublie pas de mettre des accents corrects quand tu écris. • Il a accroché une remorque à sa voiture. • Cet acrobate est souple. • Nous acceptons de vous aider. • Ma tante a des meubles en acajou. • Accroupissez-vous rapidement. • Soyez prudents pour éviter d'avoir un accident.

3 Souligne les mots qui commencent par **eff-**, **aff-**, **off-**.

• J'ai offert des fleurs à papa. • Tes efforts ont été payants. • Nous faisons une affiche pour annoncer le spectacle de l'école. • Tu es affreux quand tu fais des grimaces. • L'Afrique est un continent. • La maitresse efface le tableau. • Ce traitement est efficace.

4 Associe les noms et les verbes de la même famille.

affoler •	• apprentissage
apprendre •	• appui
appuyer •	• accompagnateur
applaudissement •	• affolement
accueillir •	• accueil
accompagner •	• applaudir

Quand tu sais orthographier un nom, tu sais orthographier le verbe de la même famille et vice-versa.

5 Devinette.

• Je suis un instrument de musique et mon nom commence par **acc-** je suis l'………………………

• Je suis un arbre qui a des fleurs blanches et mon nom commence par **ac-** je suis l'………………………

• Je travaille dans un cirque et mon nom commence par **ac-** je suis l'………………

Corrigés p. 5

GRAMMAIRE 8 — Masculin / féminin

JE SAIS DÉJÀ
Reconnaitre des noms masculins et des noms féminins.

JE COMPRENDS
Un nom peut être masculin ou féminin. Le dictionnaire indique le genre du nom. Quand un nom est féminin, il est précédé d'un déterminant féminin : **la**, **une**, **ma**, **cette**, etc. Quand il est masculin, il est précédé d'un déterminant masculin : **un**, **le**, **mon**, **ce** et **cet**.   **La** table, **le** tableau.

CONSEILS PARENTS
Rappelez à votre enfant le sens des abréviations qui figurent dans un article de dictionnaire pour indiquer le genre d'un nom.

1 Classe les mots dans les deux colonnes du tableau.
le vase, une gazelle, ce crocodile, cette plume, un livre, une valise, un voyage, cet homme, la colle, une maison, l'éléphant, la pie, le poirier, le panier, la chienne.

Noms masculins	Noms féminins

2 Relie un déterminant et un nom pour former un groupe nominal.

un • • chambre
une • • fée
cette • • miroir magique
ma • • ardoise
la • • magicien
l' • • baguette magique

3 Mets **un** ou **une** devant ces mots.

• .... gomme • .... plume • .... stylo • .... feutre • .... poche • .... cartable • .... règle • .... équerre • .... compas.

4 Écris si le nom est **masculin (m)** ou **féminin (f)**.

• l'herbe .... • l'ours .... • l'adresse ....
• l'école .... • l'arbre .... • l'animal ....

5 Trouve les noms féminins correspondants.

• un père ....   • un frère ....
• un grand-père ....   • un oncle ....
• un neveu ....   • un cousin ....

Attention un nom terminé par un **e** n'est pas toujours féminin. Exemple : un arbre.

Corrigés p. 5

CONJUGAISON 8 — Conjuguer aller et venir au présent

JE SAIS DÉJÀ
Conjuguer **être**, **avoir**, **faire**, **dire** et les verbes du **1ᵉʳ groupe**.

JE COMPRENDS

Aller	Je vai**s** Tu va**s** Il/ elle va	Nous all**ons** Vous all**ez** Ils/elles **vont**
Venir	Je vien**s** Tu vien**s** Il/elle vien**t**	Nous ven**ons** Vous ven**ez** Ils/elles vien**nent**

CONSEILS PARENTS
Montrez à votre enfant que le verbe aller a deux radicaux v- et all-.

1 Ajoute les pronoms personnels qui manquent.

● .... vais à l'école ● .... allez à la pêche ● .... vont au cinéma ● .... vas au tableau ● .... revient de la plage ● .... venons de déjeuner ● .... venez de perdre votre chapeau.

2 Complète ce tableau de conjugaison avec le verbe **aller**.

● Je .... bien.   ● Nous .... bien.
● Tu .... bien.   ● .... bien.
● Il .... bien.   ● .... bien.

3 Écris le verbe entre parenthèses à la forme qui convient.

● Comment (**aller**) .... -tu ce matin ? ● Nous (**aller**) .... au marché chaque dimanche. ● Cette robe te (**aller**) .... bien. ● Cendrillon (**aller**) .... au bal. ● Ils (**aller**) .... au parc. ● Vous (**aller**) .... au zoo.

Ces verbes sont irréguliers, apprends-les par cœur.

4 Même consigne.

● Cet éléphant (**venir**) .... d'Afrique. ● Je ne (**venir**) .... plus à Paris en voiture. ● Vous (**faire**) .... attention à la piscine. ● L'oiseau (**faire**) .... un nid pour ses petits. ● Vous (**aller**) .... en Espagne chaque été. ● Tu (**dire**) .... au revoir à la maitresse.

5 Écris une phrase pour répondre aux questions.

● Comment vas-tu ? ....
● Avec quels ingrédients fait-on un gâteau au yaourt ? ....

Corrigés p. 5

BRAVO ! Tu as fini le chapitre 8.
Rendez-vous sur le site www.hatier-entrainement.com
pour encore plus d'exercices et de conseils !

VOCABULAIRE 9 — Les mots fréquents à mémoriser

JE SAIS DÉJÀ
Écrire des mots invariables qui indiquent le temps.

JE COMPRENDS
Ces mots ne changent **jamais** d'orthographe. Je dois bien les mémoriser : autour, autre, ailleurs, assez, avec, beaucoup, contre, comme, donc, ici, jamais, fois, mais, or, rien, par, parfois, parmi, partout, pour, plus, souvent, sur, sous, toujours, vers.

CONSEILS PARENTS
Apprenez à votre enfant à bien différencier les mots invariables et les mots qui demandent d'appliquer les règles d'accord quand il fait une dictée.

Souviens-toi, toujours prend toujours un « s ».

1 Classe les mots suivants dans ces deux colonnes : autour, ailleurs, sur, sous, toujours, vers, parfois, souvent, partout, enfin.

Mots donnant des indications de lieu	Mots donnant des indications de temps

2 Souligne les mots invariables qui se terminent toujours par un s.
Mon chat est sous la table. Il n'est jamais souriant au réveil. Le lion court vers la rivière. Tu es parfois insupportable. Il croit qu'ailleurs, les enfants sont plus heureux.

3 Complète avec les mots : sur, sous, dessus, dessous, devant, derrière.
• Ne mets pas tes coudes …………… la table. • Quand tu fais du vélo, regarde bien …………… toi. • L'automobiliste doit regarder …………… et …………… lui. • Mon livre s'est glissé …………… mon lit.
• Cet hiver est froid, le thermomètre a enregistré dix degrés en …………… de zéro. • Le …………… de cette table est fragile.

4 Complète avec les mots : vite, lentement, longtemps, brusquement.
• La tortue avance …………… . • Le guépard court …………… mais pas …………… . • Le lapin a peur, il s'enfuit …………… .

5 Choisis le bon mot et souligne-le en rouge.
• Le chien est (dans ou sous) sa niche. • L'oiseau est perché (sur ou dessus) la branche.
• Je pose ma trousse (sous ou sur) la table. • Je vais (chez le ou au) médecin.
• Je reste (chez ou vers) moi. • Un accident s'est produit (avant ou devant) ma maison.
• On n'a jamais vu un éléphant (en ou dans des) chaussons. • Les hirondelles s'envolent (vers ou vert) les pays chauds en automne.

Corrigés p. 6

ORTHOGRAPHE 9 — Le son « in »

JE SAIS DÉJÀ
Certains sons s'écrivent avec deux ou trois lettres.

JE COMPRENDS
- Le son **« in »** peut s'écrire **« in »** un lap**in** qui devient **« im »** devant **m**, **b**, **p** : un **im**perméable , **« ein »** un p**ein**tre , **« ain »** le p**ain** ou **« aim »** le d**aim** .
- Fais attention au mot **« vingt »**.

CONSEILS PARENTS
Montrez à votre enfant comment chercher des mots qui contiennent le son « in » à plusieurs endroits du dictionnaire : soudain, peinture, requin.

1 Souligne le son « in » dans les mots suivants.
- le moulin • le singe • le train • la faim • le dindon • un nain • un timbre
- une teinte • la ceinture • le poussin.

2 Classe les mots dans ces trois colonnes.
le sein • le magasin • le rein • plein • maintenant • demain • le chagrin • le jardin • le pain.

in	ain	ein

3 Complète avec **in** ou **ain**.
- Un lap......, sur le chem......, rencontre un autre lap....... Ils deviennent cop......s.
- Mon cous......... s'appelle Mart......... • Mon poul......... est très mal.........
et parfois aussi un peu coqu......... • Quand je prends un b......... de mer, je veux
bien faire coucou aux dauph......s mais pas aux requ......s.

4 Complète les mots.
- Mon père v.......t nous voir en tr......... • Dans la cour de cette ferme, il y a
un ch........., un d.........don, des pouss.........s, un lap......... • Il a mis
une c........ture à son ....perméable pour ne pas avoir froid. • Bois beaucoup d'eau
pour que tes r......... fonctionnent b......... • Dans la classe, nous sommes
v.........-trois élèves.

5 Relie chaque mot à son contraire.

perméable • • invisible
mobile • • immangeable
patient • • immobile
supportable • • insupportable
visible • • impatient
mangeable • • imperméable

Ne confonds pas **ein** et **ien**.

Corrigés p. 6

GRAMMAIRE 9 — Identifier l'adjectif

JE SAIS DÉJÀ
Identifier un GN.

JE COMPRENDS
Les mots qui **apportent des précisions sur le nom** s'appellent des **adjectifs**.
Ils peuvent se placer entre le déterminant et le nom ou après le nom.

Le **petit** chien. Le chien **noir**.

CONSEILS PARENTS
Les adjectifs de couleur sont les plus faciles à repérer pour votre enfant.

1 **Souligne les adjectifs.**
- une gentille fée • une méchante sorcière • un vilain crapaud • une belle robe
- une baguette magique • un chat noir • un gros livre • un vieil hibou • un sorcier malin • un oiseau multicolore.

2 **Raye les adjectifs.**
- Une grosse baleine
- Un poisson rouge
- Un chat gris
- Un gros lapin
- Un gentil serpent
- Un flamant rose
- Une grenouille verte
- Une jolie fille
- Un ballon rond

Dans le groupe nominal, tu peux supprimer l'adjectif mais pas le nom.

3 **Retrouve les titres des contes en complétant ces GN avec des adjectifs.**
- Le .... Chaperon ....
- .... Neige et les 7 nains
- La .... sirène • Le .... canard
- Le .... Poucet • Barbe .... • Les trois .... cochons.

4 **Réécris les phrases en plaçant convenablement les adjectifs.**
- J'aime les gâteaux (**gros**). ....
- Léa a enfilé un pull (**rouge**). ....
....
- J'aime bien ce vent (**chaud**). ....
- Il nage dans le bain (**grand**). ....
- La girafe a un cou (**long**). ....
- Le chien court après la balle (**gentil, verte**). ....
....
- Le chat dort sur la pierre (**gros, chaude**). ....
....
- Le lièvre a perdu la course contre la tortue (**rapide, lente**). ....
....

Corrigés p. 6

CONJUGAISON 9 — Conjuguer les verbes du 1ᵉʳ groupe au futur

JE SAIS DÉJÀ
Conjuguer les verbes au présent.

JE COMPRENDS
Les terminaisons des verbes du **1ᵉʳ groupe** au futur sont : **-erai**, **-eras**, **-era**, **-erons**, **-erez**, **-eront**.

Je saute**rai**/tu saute**ras**/il ou elle saute**ra**/nous saute**rons**/vous saute**rez**/ils ou elles saute**ront**.

CONSEILS PARENTS
Montrez à votre enfant que tu ne sors jamais sans son « s » au présent comme au futur, que nous et vous sont suivis de -ons et -ez et que le pluriel des verbes est toujours en -ent.

1 Souligne les verbes au futur.
- Je saute • Tu mangeras • Elle commence • Nous chanterons • Vous aimerez
- Ils regardent • Elle commencera • Ils compteront • Il dit • Tu fais
- Il gagnera • Vous chasserez • Je téléphonerai.

2 Complète les phrases avec les pronoms personnels qui conviennent.
- .... aiderai ma grand-mère.
- .... rangerons notre chambre.
- .... arriveras en avion ce soir.
- .... protègerez les animaux.
- .... révisera ces leçons.
- .... mangeront des algues.

3 Mets le verbe entre parenthèses à la forme conjuguée qui convient.
- Tu (**étudier**) .... tes leçons. • Je (**demander**) .... de l'aide.
- Elle (**fermer**) .... la porte. • Nous (**réparer**) .... nos montres.
- Les volets (**claquer**) .... • Les fenêtres (**fermer**) ....

N'oublie pas le « e » devant le « r » pour conjuguer les verbes du premier groupe au futur.

4 Réécris les phrases au futur.
- Le chat rentre par la chatière. • Cette cheminée fume bien. • Les voitures roulent très vite. • Tu travailles trop vite. • Je termine mon travail. • Il répare sa voiture.
- Ils remplacent les objets cassés.

5 Réécris les phrases au présent.
- Il surveillera la mer. • Tu imagineras la suite de l'histoire et je la devinerai.
- Il chantera des chansons. • Nous garderons la clé. • Maman dorlotera le bébé.
- Vous ramasserez les papiers. • On oubliera nos soucis.

Corrigés p. 6

BRAVO ! Tu as fini le chapitre 9.
Rendez-vous sur le site www.hatier-entrainement.com pour encore plus d'exercices et de conseils !

VOCABULAIRE 10 — Les expressions imagées

JE SAIS DÉJÀ
Chercher le sens d'un mot dans le dictionnaire.

JE COMPRENDS
- Un mot peut avoir souvent plusieurs sens.
- Le sens propre est le premier sens d'un mot, le plus courant et souvent le plus concret.
- Le sens figuré est le sens plus imagé d'un mot.

Pomme : 1 : Fruit rond à pulpe ferme et juteuse.
2 : Fig. Tomber dans les pommes : S'évanouir.

CONSEILS PARENTS
Assurez-vous que votre enfant comprend bien le sens imagé de certaines expressions quand il lit. Demandez-lui de les reformuler avec ses mots à lui.

Quand je cherche le sens d'un mot dans le dictionnaire, je remarque que le sens propre correspond à la première définition de ce mot et que le sens figuré est précédé de (fig.).

1 Relie chaque expression au sens figuré à sa définition.

avoir un chat dans la gorge • • changer souvent de sujet
sauter du coq à l'âne • • être distrait
avoir la tête dans les nuages • • aider
prendre les jambes à son cou • • être enroué
donner un coup de main • • s'enfuir

2 Complète avec les mots suivants : **les pieds, marcher, broyer, les murs, de rire**.

- Éclater .... • Mettre .... dans le plat.
- .... ont des oreilles. • .... sur des œufs.
- .... du noir.

3 Relie chaque expression imagée à sa définition.

se coucher avec les poules • • être rangés en une seule ligne
mettre la main à la pâte • • se coucher de bonne heure
avoir plusieurs cordes à son arc • • être capable de faire plusieurs choses
être rangés en rang d'ognons • • aider

4 Souligne les phrases qui emploient des expressions au sens figuré.
- Mon chat dort sur le canapé.
- Bébé est paisible et dort sur ses deux oreilles.
- Puisque tu ne connais pas la réponse, donne ta langue au chat.
- Pinocchio raconte souvent des histoires à dormir debout.

5 Complète avec les mots suivants : **de mémoire, au cœur, de peur**.
- Tout seul dans la grande maison vide, il est mort ....
- Entendre un bébé pleurer me fait mal ....
- Il est tellement timide qu'il a souvent des trous .... quand il est interrogé.

Corrigés p. 6

ORTHOGRAPHE 10 — Le féminin des noms

JE SAIS DÉJÀ
Distinguer les noms masculins et les noms féminins.

JE COMPRENDS
Pour former certains noms féminins on peut :
- ajouter un **-e** au nom masculin.   Un ami/une ami**e**
- redoubler la dernière lettre du nom masculin en ajoutant un **-e**.
  Un chien/une chien**ne**   un lion/une lion**ne**   Un chat/une chat**te**.
- utiliser un suffixe féminin.
  Un spectateur/une spectat**rice**. Un boulanger/une boulang**ère**

CONSEILS PARENTS
Attention, seuls les noms de métiers, de personnes ou d'animaux se trouvent sous une forme masculine et une forme féminine.

1 Associe le nom masculin et le nom féminin qui lui correspond.

un coiffeur — un charcutier — un pharmacien — une actrice
un instituteur — une institutrice — un acteur — un musicien
une coiffeuse — une charcutière — une pharmacienne — une musicienne

2 Écris ces noms au féminin.
- chien : ....
- chat : ....
- lion : ....
- ours : ....
- canard : ....
- coq : ....
- cheval : ....
- âne : ....
- tigre : ....

Quand tu lis, l'article un/une t'indique si le nom est masculin ou féminin.

3 Écris ces noms au féminin.
- un invité, une ....
- un cousin, une ....
- un commerçant, une ....
- un renard, une ....

4 Même consigne
- un prince, une ....
- un ogre, une ....
- un maitre, une ....
- un comte, une ....
- un gardien, une ....
- un champion, une ....

5 Qui suis-je : un homme ou une femme ?
- Je suis aviatrice, je suis ....
- Je suis traductrice, je suis ....
- Je suis vendeur, je suis ....
- Je suis infirmière, je suis ....

Corrigés p. 6

45

GRAMMAIRE 10 — Les pronoms personnels

JE COMPRENDS

Le pronom personnel se met à la place d'un nom et **s'accorde en genre et en nombre** avec lui.

La petite fille fait de la balançoire / **elle** fait de la balançoire.
Le petit garçon fait de la balançoire / **il** fait de la balançoire.
Les enfants font de la balançoire / **ils** font de la balançoire.

CONSEILS PARENTS
Les pronoms posent des problèmes de compréhension en lecture. Demandez à votre enfant qui désigne il/elle.

★ **1** Remplace les mots soulignés par un pronom personnel.

- Le bébé .... pleure la nuit.   • Les crabes .... marchent de travers.
- Le serpent .... siffle.   • Les chouettes .... réfléchissent beaucoup.
- Les hiboux .... ne sont jamais bien réveillés.

★★ **2** Relie ces GN avec le pronom personnel qui pourrait les remplacer.

les hirondelles •   • elles •   • les feutres
le parapluie •   • il •   • les crevettes
la fillette •   • ils •   • le chapeau
les crayons •   • elle •   • la jeune fille

★★ **3** Remplis le tableau suivant. Relie les pronoms personnels au prénom qui convient.

Bonjour Caty.
J'espère que tu vas bien. Léo et moi nous passons nos vacances à la montagne. Nous faisons de belles randonnées et notre cousin Hugo est venu nous rejoindre. Il est plus grand que nous. Je t'embrasse. Manon.

je	tu	nous	il
....	....	Manon et Léo	....

★★ **4** Barre dans la parenthèse le nom qui ne correspond pas au pronom personnel.

Il était une fois trois petits cochons. Ils (**les cochons/les loups**) habitaient à côté d'une grande forêt où il (**le cochon/le loup**) vivait. Ils (**les cochons/le loup**) jouaient de la musique et s'amusaient beaucoup. Mais l'aîné avait décidé qu'à l'approche de l'hiver ils (**les cochons/les loups**) devaient se construire une maison car (**l'aîné/le loup**) aurait fin et sortirait d'elle (**la maison/la forêt**).

N'oublie pas, le pronom personnel s'accorde en genre et en nombre avec le nom qu'il remplace.

★★★ **5** Complète avec le bon pronom personnel.

- Pouvez-............... s'il .... plait me donner un verre d'eau. J'ai soif, ... vais me servir un verre d'eau.   • Où as-............... mis les clés ? .... les ai laissées sur le bureau.   • Dépêche-toi, ... vas être en retard.   • Léon et moi .... lisons beaucoup de BD.   • Arrête de crier, ... déranges les voisins.

Corrigés p. 6

CONJUGAISON 10 — Conjuguer avoir et être au futur

JE SAIS DÉJÀ
La lettre **r** marque le futur devant les terminaisons de personne.

JE COMPRENDS
- Je ser**ai**. Tu ser**as**. Il ou elle ser**a**. Nous ser**ons**. Vous ser**ez**. Ils ou elles ser**ont**.
- J'aur**ai**. Tu aur**as**. Il ou elle aur**a**. Nous aur**ons**. Vous aur**ez**. Ils ou elles aur**ont**.

CONSEILS PARENTS
Faites réciter les conjugaisons à l'endroit et à l'envers à votre enfant.

Fais bien attention aux formes qui s'entendent de façon identique mais s'écrivent différemment avec nous et ils : nous aur**ons**/ils aur**ont**.

1 Conjugue sur le modèle suivant.
Quand je serai grand(e), j'aurai un cheval.
....
....
....
....

2 Souligne les verbes être et avoir.
● Tu auras un cochon d'Inde. ● Nous irons à la plage. ● Tu seras trapéziste quand tu seras grande. ● Les fées danseront au clair de lune. ● Je mangerai des nougats. ● J'aurai 8 ans en juin. ● Nous gagnerons le tournoi et serons les champions. ● Vous aurez une nouvelle carte de bibliothèque. ● Ces enfants seront sages s'ils veulent des cadeaux.

3 Place le bon pronom personnel devant les verbes.
Dans vingt ans, les voitures n'auront plus de volant. .... seront automatiques. .... seront pilotées par un ordinateur. Les conducteurs pourront tranquillement regarder le paysage, ... n'auront plus rien à faire.

4 Complète avec les verbes être et avoir au futur.
● Vous .... malades, si vous mangez trop de bonbons.
● La semaine prochaine, tu .... ton nouveau vélo.
● Dans deux jours, nous .... en vacances.
● Je .... content pour toi quand tu .... le piano dont tu rêves.

5 Complète avec le verbe entre parenthèses au futur.
Quand je (**être**) .... grand, je (**raconter**) .... des histoires à mes enfants. Mes histoires (**être**) .... tantôt drôles, tantôt tristes. J'(**avoir**) .... aussi des livres de contes de fées. Mais mes enfants (**aimer**) .... surement les histoires de loups comme tous les enfants. Ils (**avoir**) .... un peu peur, mais (**être**) .... heureux de jouer à se faire peur.

BRAVO ! Tu as fini le chapitre 10.
Rendez-vous sur le site www.hatier-entrainement.com pour encore plus d'exercices et de conseils !

Corrigés p. 6 et 7

VOCABULAIRE 11 — Les synonymes

JE SAIS DÉJÀ
Utiliser un dictionnaire.

JE COMPRENDS
Les mots de sens voisin sont des mots qui ont **presque le même sens**. On les appelle des synonymes.

Elle a une **belle** robe / elle a une **jolie** robe.

CONSEILS PARENTS
Prenez le temps de consulter un article de dictionnaire pour débutants avec votre enfant. Montrez-lui qu'on peut comprendre le sens d'un mot à partir d'un mot de sens voisin : hardi = courageux / exquis = excellent, etc.

1 Dans chaque liste trouve le synonyme des mots suivants.
- regarder : œil, vision, observer, choisir.
- crier : pleurer, rire, hurler, cri.
- image : imagination, album, regarder, illustration.

Connaitre un synonyme te permet de rédiger un texte plus précis et de varier les mots que tu emploies.

2 Remplace le verbe faire par un des verbes suivants : dessine, construit, écrit, prépare, nettoie.
- Papa fait le diner. ....
- Je fais une carte de France. ....
- Maman fait un texto. ....
- Théo fait une maquette d'avion. ....
- Je fais les vitres. ....

3 Barre l'intrus.
- une maison • une baraque • une demeure • une carapace.
- un navire • un bateau • une embarcation • un vélo.
- courageux • intrépide • hardi • mou.
- maladroit • empoté • malhabile • agile.

4 Remplace les mots soulignés par les mots suivants : ami, métropole, s'est envolé, détective, s'est perdu, lire, a enfilé.

Le rat policier (....................) est parti à la recherche d'un copain (....................) de son grand-père. • Il a pris un avion (....................) pour le Canada. • Quand il est arrivé à Montréal, il a mis (....................) un gros anorak et un bonnet de fourrure, tellement il faisait froid. • Il s'est paumé (....................) dans cette grande ville (....................). • Drôle de policier qui ne sait pas regarder (....................) un plan de ville.

Corrigés p. 7

ORTHOGRAPHE 11 — Le féminin des adjectifs

JE SAIS DÉJÀ
Orthographier certains noms au féminin.

JE COMPRENDS
▸ L'adjectif **s'accorde avec le nom**. Si le nom est féminin, l'adjectif se termine très souvent par la lettre (**e**).
Un grand garçon/une grand**e** fille.   Un joli pantalon/une joli**e** robe.

▸ La terminaison de certains adjectifs au masculin change au féminin.
Un buffet ancien/une armoire ancien**ne**.   Un chiffon doux/une serviette dou**ce**.

CONSEILS PARENTS
Montrez bien à votre enfant qu'il y a des marques du féminin qui s'entendent et d'autres qui ne s'entendent pas mais qu'il ne faut pas oublier : un joli tricot → une jolie jupe.

1 Souligne les adjectifs féminins.
- courte - jolie - nouveau - ancienne - peureuse - blanc - grise - dure
- gentil - douce - grande - gros - ronde - haute.

2 Relie les adjectifs féminins aux adjectifs masculins.

belle • • gris
nouvelle • • vif
coquette • • roux
vive • • plat
rousse • • coquet
grise • • nouveau
plate • • beau

Lis à voix haute tes réponses pour bien vérifier que tu vas écrire le bon son qui marque le féminin, puis vérifie dans le dictionnaire la forme correcte si tu as un doute.

3 Barre l'intrus de chaque liste.
- terrifiant - monstrueux - poilu - touffue.
- joyeuse - rusé - surprise - gaie.
- joli - beau - mignonne - ravissant.
- noire - bleu - verte - grise.

4 Écris l'adjectif entre parenthèses au féminin.
- Une (**petit**) .... nappe. • Une robe (**noir**) .... • Une (**gros**) .... ogresse. • Une (**joli**) .... fée. • Une odeur (**discret**) .... • Une (**nouveau**) .... année. • Une biche (**peureux**) .... • Une (**premier**) .... chute. • Une (**vieux**) .... sorcière.

5 Retrouve les paires d'adjectifs.

un manteau blanc • • une corneille noire
un livre neuf • • une sorcière méchante
un sorcier méchant • • une fourrure blanche
un oiseau noir • • une souris verte
un rat vert • • une chaussure neuve

Corrigés p. 7

49

GRAMMAIRE 11 — Trouver le sujet d'un verbe

JE SAIS DÉJÀ
Distinguer un nom et un verbe.

JE COMPRENDS

▸ Le sujet est le plus souvent placé devant le verbe. On peut l'encadrer par **c'est.....qui**, **ce sont.....qui**. Quand le groupe sujet est un GN, on peut le remplacer par **il(s)**, **elle(s)**.

> La maitresse écrit au tableau. **C'est** la maitresse **qui** écrit au tableau.
> **Elle** écrit au tableau.

▸ La maitresse est sujet du verbe « écrit ».

CONSEILS PARENTS
Repérez le sujet avec la substitution d'un GN par il(s), elle(s). Cela fonctionne mieux que la question qui est-ce qui ?

1 Souligne les sujets dans les phrases suivantes.
- L'avion traverse le ciel. • Les voitures klaxonnent. • L'ours dort tout l'hiver.
- Papa répare mon jouet cassé. • Elle a mal aux dents. • Les enfants mangent des glaces. • Le chat court après les souris. • Le parachutiste a sauté de l'avion.
- Pierre joue très bien du piano.

2 Remplace le sujet de chaque phrase par *il* ou *elle*.
- Le boulanger fait du pain. ....
- La charcutière vend du jambon. ....
- La bouchère rend la monnaie à la caisse. ....
- Le maitre récompense les élèves sages. ....
- La chanteuse a fait une fausse note. ....

Le sujet est le plus souvent devant le verbe.

3 Réécris les phrases en employant *c'est...qui*, *ce sont...qui* pour encadrer le sujet.
- L'oiseau fait son nid. ....
- Le facteur distribue le courrier. ....
- Les enfants lisent un livre. ....
- La sœur de Léo est au CP. ....
- Les éléphants sont puissants. ....

4 Retrouve l'ordre des mots de ces phrases et souligne les sujets.
- Théo un petit garçon malicieux est. ....
- Mange le lapin des carottes. ....
- Hugo et Yanis au foot jouent. ....
- Le chocolat aime elle. ....
- Ont un joli chat nos voisins. ....

Corrigés p. 7

CONJUGAISON 11 : Conjuguer aller, dire, faire au futur

JE SAIS DÉJÀ
Conjuguer des verbes au futur.

JE COMPRENDS

aller	dire	faire
J'ir**ai**	Je dir**ai**	Je fer**ai**
Tu ir**as**	Tu dir**as**	Tu fer**as**
Il ou elle ir**a**	Il ou elle dir**a**	Il ou elle fer**a**
Nous ir**ons**	Nous dir**ons**	Nous fer**ons**
Vous ir**ez**	Vous dir**ez**	Vous fer**ez**
Ils ou elles ir**ont**	Ils ou elles dir**ont**	Ils ou elles fer**ont**

CONSEILS PARENTS
Faites réciter les conjugaisons à l'endroit et à l'envers à votre enfant.

Fais bien attention à l'orthographe du verbe **faire**, qui s'écrit **ai** au présent et **e** au futur : je f**ai**s/je f**e**rai.

★ **1** Réécris ces phrases au futur.
- Je fais mes devoirs après le gouter. ....
- Il fait encore beau en septembre. ....
- Nous faisons un beau voyage. ....
- Vous faites d'horribles grimaces. ....
- Les élèves font de la gymnastique. ....

★ **2** Même consigne.
- Tu vas au cinéma. ....
- Maman va au marché. ....
- Nous allons au bord de la mer. ....
- Vous allez bien. ....
- Tu dis des sottises. ....

★★ **3** Ajoute les pronoms personnels qui manquent.
- Iras-............ au ski l'hiver prochain ? ● .... ne ferons pas de travaux dans cette maison. ● .... diront la bonne réponse. ● .... ferons attention. ● .... ne direz plus n'importe quoi. ● Dira-t-............ au revoir à ses amis ?

★★ **4** Conjugue le verbe entre parenthèses au futur.
- Il (**faire**) .... le tour du monde. ● Il (**aller**) .... au Canada. ● Léo (**lire**) .... tout seul des histoires. ● Sa maman n'(**avoir**) .... plus peur de le laisser seul. ● Emma (**dire**) .... la vérité.

Corrigés p. 7

BRAVO ! Tu as fini le chapitre 11.
Rendez-vous sur le site www.hatier-entrainement.com
pour encore plus d'exercices et de conseils !

VOCABULAIRE 12 — Les mots contraires

JE SAIS DÉJÀ
Repérer les synonymes.

JE COMPRENDS
Les mots contraires sont des mots de sens opposé. Ils appartiennent à la même classe grammaticale.
- **Adjectifs** : petit/ grand.
- **Verbes** : monter/ descendre.
- **Noms** : rire/ pleurer.

CONSEILS PARENTS
Montrez à votre enfant que les exercices 3 et 4 lui listent les préfixes qui servent à former des mots contraires.

1 Relie chaque mot avec son contraire.

honnête — beau — laid — entrer — rapidement — malhonnête — chaud — froid — lentement — sortir

2 Écris le contraire des mots suivants.
- adroit ....
- gentil ....
- sale ....
- ouvrir ....
- difficile ....
- malheureux ....

3 Souligne les lettres qui servent à former des contraires.
- démonter • illogique • impossible • maladroit • déshabiller • invisible
- irrespirable • indiscret.

4 Ajoute **mal** ou **in** à ces mots pour former leurs contraires.
- chanceux : ....
- correct : ....
- discret : ....
- juste : ....
- heureuse : ....
- adroit : ....

Regarde bien comment fonctionne cette formation de mots contraires. On met **in**, **mal** ou **dé** devant le radical d'un mot.

5 Retrouve le vrai texte en remplaçant les mots soulignés par leurs contraires.

Il était une fois un petit (..................) géant qui habitait en bas (..................) d'une montagne. Il détestait (..................) les sucreries. Il en mangeait peu (..................). Il rêvait que les nuages se transforment en minuscules (..................) barbes à papa. L'ennui c'est qu'il avait rarement (..................) mal aux dents.

Corrigés p. 7

ORTHOGRAPHE 12 — Le pluriel du GN

JE SAIS DÉJÀ
Distinguer le **singulier** et le **pluriel**.

JE COMPRENDS
Quand l'article et le nom sont au pluriel, l'adjectif qualificatif se met aussi au pluriel. Il prend le plus souvent un **s**.

Un petit garçon/des petit**s** garçon**s**.   Une petite fille/des petite**s** fille**s**.

CONSEILS PARENTS
Pour que votre enfant mémorise bien les règles d'accord des adjectifs au pluriel, faites-lui entourer les terminaisons en s des articles, noms et adjectifs. Les petits chiens.

1. Écris ces expressions au pluriel.
- un trou profond : ....
- une souris verte : ....
- un chanteur célèbre : ....
- un chat sauvage : ....
- une poule rousse : ....
- un cochon rose : ....

La lettre **s** marque le pluriel de tous les mots qui forment le GN. L'adjectif fait partie du GN.

2. Écris ces expressions au singulier.
- des hommes courageux : ....
- des nouveaux livres : ....
- des oiseaux multicolores : ....
- des petits bras : ....
- des livres épais : ....
- des moteurs silencieux : ....

3. Complète avec les adjectifs correctement orthographiés.
- Thomas a perdu ses billes (**bleu**) ....
- En hiver, je porte des bottes (**fourré**) ....
- Il a trouvé un (**gros**) champignon ....
- J'aime beaucoup les raisins (**noir**) ....

4. Même consigne.
- Ma grand-mère chante des chansons (**doux**) ....
- Nous avons eu des (**grand**) .... discussions.
- Il collectionne les voitures (**ancien**) ....
- Nous avons fait de (**long**) .... randonnées.
- Je voudrais des crêpes (**sucré**) ....

Corrigés p. 7

GRAMMAIRE 12 — Sujet / Groupe verbal

JE SAIS DÉJÀ
Repérer le sujet.

JE COMPRENDS
- Une phrase est composée au moins de deux groupes, le sujet et le groupe verbal GV.
- Le GV peut être formé d'un verbe : nous jouons , d'un verbe suivi d'un complément d'objet : nous admirons Pierre, nous admirons le danseur .

CONSEILS PARENTS
Donnez l'habitude à votre enfant de trouver le verbe dans une phrase, puis le sujet et enfin les compléments qui accompagnent le verbe.

Repère bien le verbe, c'est le mot essentiel dans une phrase.

1. Souligne les GV dans ces phrases.
- Trois ours habitent une maison forestière. • Ils préparent leur dîner. • Il est trop chaud.
- Les ours décident de partir en promenade. • Ils oublient la clé. • Boucle d'or arrive.

2. Même consigne.
- Léa pense à ses amis. • Le chien ronge son os. • Les enfants jouent à chat.
- Les parents ont acheté des glaces au chocolat. • La souris grignote les croutes de fromage.
- Les sorcières portent de grands chapeaux noirs.

3. Relie chaque sujet à son groupe verbal.

les oiseaux • • plantent des arbres
les esquimaux • • lisent un roman
la mouette • • aime le poisson
les élèves • • construisent des nids
les jardiniers • • chassent les phoques

4. Recopie ces groupes verbaux après le bon sujet.

a une baguette magique, suce son pouce, vend du pain, miaule, vole les objets brillants, est neuf.

- La pie ....
- Le boulanger ....
- Le chat ....
- La fée ....
- Le bébé ....
- Le vélo ....

5. Dans ces phrases, on a mélangé les sujets et les groupes verbaux. Recopie les phrases correctement.

Prépare un chocolat je bon. Fais lait chauffer le dans une casserole je. Quand le est chaud lait, fond facilement le cacao. Faut ajouter sucre du il. Peut laisser doux mijoter à feu, on, cinq minutes.

Corrigés p. 7

CONJUGAISON 12 : Conjuguer avoir, être et aller à l'imparfait

JE SAIS DÉJÀ
Conjuguer ces verbes au présent et au futur.

JE COMPRENDS

J'av**ais**	J'ét**ais**	J'all**ais**
Tu av**ais**	Tu ét**ais**	Tu all**ais**
Il ou elle av**ait**	Il ou elle ét**ait**	Il ou elle all**ait**
Nous av**ions**	Nous ét**ions**	Nous all**ions**
Vous av**iez**	Vous ét**iez**	Vous all**iez**
Ils ou elles av**aient**	Ils ou elles ét**aient**	Ils ou elles all**aient**

CONSEILS PARENTS
Faites souligner les terminaisons de l'imparfait à votre enfant pour qu'il les mémorise mieux.

1 Ajoute les pronoms personnels qui manquent.

- ……… avions faim.
- ……… aviez de bonnes notes.
- ……… étiez toujours à l'heure.
- ……… était content de son voyage.
- ……… avaient de beaux enfants.
- ……… étions nombreux à soutenir notre équipe.
- ……… étais un enfant sage.
- ……… avions la varicelle en même temps.

2 Conjugue avec les verbes être ou avoir à l'imparfait.

- Nous …………… de beaux cadeaux d'anniversaire quand nous …………… petits.
- Vous …………… les meilleurs copains du monde quand vous …………… 8 ans.
- J'…………… la chance d'avoir un grand jardin.

3 Conjugue à l'imparfait l'expression suivante : je vais à la piscine.

- J'………………………
- Nous ………………………
- Tu ………………………
- Vous ………………………
- Il/elle ………………………
- Ils/elles ………………………

4 Réécris ces phrases à l'imparfait.

- Le roi a beaucoup de pouvoir. ………………………
- La princesse n'a pas envie de se marier. ………………………
- Elle va souvent à la chasse. ………………………
- Le fraisier a des fleurs avant les fruits. ………………………
- Nous avons soif. ………………………
- Vous allez au bal. ………………………
- Ils vont au cinéma. ………………………

Fais bien attention au **i** devant **ons** et **ez**.

BRAVO ! Tu as fini le chapitre 12.
Rendez-vous sur le site www.hatier-entrainement.com
pour encore plus d'exercices et de conseils !

Corrigés p. 7

VOCABULAIRE 13 — Les familles de mots

JE SAIS DÉJÀ
Former des mots contraires.

JE COMPRENDS
Une famille de mots regroupe tous les mots qui ont le même radical (ou racine). Ce sont des **mots dérivés**. Un mot peut être formé d'**un radical**, d'**un préfixe** qui se place devant ce radical et d'**un suffixe** qui se place derrière.

Porter/**ex**porter   port**able**/**ex**port**able**.

CONSEILS PARENTS
Montrez à votre enfant que savoir identifier un radical allège la mémoire en orthographe. Il y a 2r à terre donc 2r à terrestre.

Observe : le préfixe change le sens du mot, le suffixe change la nature du mot.

1. Barre l'intrus.
- ronfler, rond, ronflement.
- changé, inchangé, chance.
- ouvrir, œuvre, ouverture.
- construire, consommer, reconstruire.
- arrosoir, rose, arroser.
- fuite, fusil, fuir.

2. Relie le verbe au nom correspondant.

fusiller • • fermeture
changer • • changement
livrer • • fusillade
fermer • • plongeon
bercer • • livraison
guérir • • berceuse
plonger • • guérison

3. Retrouve les verbes à partir desquels ont été formés les noms suivants :
- surveillance : ....
- transformation : ....
- chanson : ....
- croisement : ....
- habitation : ....
- amour : ....
- ramassage : ....
- inusable : ....

4. Reclasse ces mots en trois familles.
brume, brulure, brumisateur, brusquement, bruler, brumeux, bruleur, brusque, brusquer.

Corrigés p. 8

ORTHOGRAPHE 13 — Les lettres muettes

JE SAIS DÉJÀ
Je peux ajouter un suffixe au radical des mots.

JE COMPRENDS
De nombreux mots se terminent par une lettre que l'on n'entend pas et qu'on appelle une lettre muette. Elle permet souvent de former le féminin des adjectifs ou des mots de la même famille.

Gri**s**, gri**s**aille. Peti**t**/peti**te**.

CONSEILS PARENTS
Faites apprendre par cœur à votre enfant les mots invariables terminés par une lettre muette présentés dans l'exercice 5.

Pour trouver une lettre muette, mets un nom ou un adjectif au féminin ou cherche un mot de la même famille : un cha**t** gri**s**/une cha**tte** gri**se**.

1 Souligne les mots qui se terminent par une lettre muette.
- Le galop du cheval.
- Le saut à la corde.
- Le croc du crocodile.
- Le lit du bébé.
- L'assiette de riz.
- Le trou à rat.
- Un oiseau bavard.
- Un grand vélo.
- Un ballon rond.
- Un pont suspendu.

2 Enlève le suffixe et écris le mot de la même famille qui se termine par une lettre muette.
- chocolatière : ....
- renardeau : ....
- tricoterie : ....
- laitier : ....
- outillage : ....
- tasser : ....
- blancheur : ....
- étroitesse : ....
- abricotier : ....
- partage : ....

3 Écris ces adjectifs au masculin.
- grosse : ....
- grande : ....
- chaude : ....
- petite : ....
- ronde : ....
- verte : ....
- lourde : ....
- basse : ....
- absente : ....
- longue : ....
- haute : ....
- douce : ....

4 À partir de chaque verbe, trouve un nom de la même famille terminé par une lettre muette.
- regarder : ....
- reposer : ....
- réciter : ....
- bavarder : ....
- acheter : ....
- s'absenter : ....
- marchander : ....
- blanchir : ....
- tousser : ....

5 Souligne les lettres muettes de ces mots invariables.
- ailleurs • alors • après • aussitôt • autant • avant • beaucoup • bientôt
- dans • dehors • depuis • dessous • dessus • devant • jamais • là-bas
- longtemps • maintenant • mais • moins • parfois • pendant • pourtant
- puis • quand • sans • seulement • sous • souvent • toujours • trop.

Corrigés p. 8

GRAMMAIRE 13 — Le complément d'objet

JE SAIS DÉJÀ
Repérer le groupe verbal.

JE COMPRENDS
Le groupe de mots qui se trouve le plus souvent après le verbe, que l'on ne peut pas supprimer et que l'on peut placer entre **c'est.....que** et **ce sont.....que** s'appelle le complément d'objet.

Eva mange une pomme. **C'est** une pomme **que** mange Eva.
Eva mange des pommes. **Ce sont** des pommes **que** mange Eva.

CONSEILS PARENTS
L'encadrement par l'expression : c'est...que fonctionne mieux que la question quoi ? J'aime Pierre. On ne peut pas dire j'aime quoi ? Pierre. Mais on peut dire « c'est Pierre que j'aime ».

★ **1** **Souligne les groupes verbaux et entoure le complément d'objet.**
- Aujourd'hui, je repeins la barrière. • Papa achète des légumes. • Cet élève porte un cartable trop lourd. • Tom admire un énorme tracteur rouge. • La sorcière allume un grand feu.

Souviens-toi que le sujet est plutôt devant le verbe et le complément d'objet après.

★★ **2** **Souligne le complément d'objet de chaque phrase.**
- Les enfants ont perdu leur ballon.
- Les parents regardent un film.
- Les arbres perdent leurs feuilles.
- Philomène a cassé ses lunettes.
- Le chat attrape une souris.
- Mon frère a apporté son livre.

★★ **3** **Remplace le GN souligné par un pronom le, la, les et réécris les phrases.**
- Maman gare la voiture. : ....
- Max mange des pommes. : ....
- Emma range sa chambre. : ....
- La tempête a surpris les pêcheurs. : ....
- La maitresse gronde les élèves bavards. : ....

Le GN que tu peux remplacer par le, la, les est complément d'objet.

★★ **4** **Souligne le complément d'objet de chaque phrase**
- Le lion mange la girafe. • Bébé prend son bain. • Les élèves rendent leur devoir à la maitresse. • L'équipe de foot marque un but. • Les violons jouent un air triste. • Il récite son poème, avec beaucoup de plaisir.

★★ **5** **Souligne en bleu le GS et en vert le complément d'objet.**
- La sirène entendit un chant merveilleux. • Le pêcheur aperçoit un calamar géant.
- Nous avons visité le château de Versailles. • Gepetto n'avait pas d'enfant.
- Les rapaces capturent leurs proies avec leurs griffes.

Corrigés p. 8

58

CONJUGAISON 13 — Conjuguer les verbes sauter, commencer, manger à l'imparfait

JE SAIS DÉJÀ
Conjuguer ces verbes au présent.

JE COMPRENDS

sauter	manger	commencer
Je saut**ais**	Je mange**ais**	Je commenç**ais**
Tu saut**ais**	Tu mange**ais**	Tu commenç**ais**
Il ou elle saut**ait**	Il ou elle mange**ait**	Il ou elle commenç**ait**
Nous saut**ions**	Nous mang**ions**	Nous commenc**ions**
Vous saut**iez**	Vous mang**iez**	Vous commenc**iez**
Ils ou elles saut**aient**	Ils ou elles mange**aient**	Ils ou elles commenç**aient**

CONSEILS PARENTS
Montrez à votre enfant que l'on forme l'imparfait à partir du radical du verbe à la 1ʳᵉ personne du pluriel du présent : nous commençons/ je commençais Nous mangeons/ je mangeais.

1 Souligne le verbe à l'imparfait.

● Une nouvelle expédition avait lieu chaque année. ● On commençait par se mettre d'accord sur un nouvel itinéraire. ● Puis on décidait des dates pendant les vacances d'été. ● On aimait jouer à se faire peur en racontant sur le prochain pays des histoires mystérieuses.

2 Recopie ces phrases à l'imparfait.

● Je joue tranquillement : ....
● Tu lances le ballon : ....
● Nous cuisinons : ....
● Vous roulez trop vite : ....
● Les requins nagent près de la plage : ....
● Le lion s'avance sans bruit : ....

3 Écris le verbe de ces phrases à la première personne du singulier de l'imparfait.
Nous mangeons des glaces → je mangeais des glaces.

● Nous corrigeons nos erreurs → ....
● Nous effaçons le tableau → ....
● Nous perçons un mur → ....
● Nous partageons nos bonbons → ....
● Nous laçons nos chaussures → ....

N'oublie pas le ç.

BRAVO ! Tu as fini le chapitre 13.
Rendez-vous sur le site www.hatier-entrainement.com pour encore plus d'exercices et de conseils !

Les préfixes à retenir

JE SAIS DÉJÀ

Un mot peut être formé d'un **préfixe**, d'un **radical** et d'un **suffixe**.

JE COMPRENDS

Connaitre le sens de certains préfixes et l'utilisation de certains suffixes permet de comprendre le sens de beaucoup de mots.

Préfixes	Rôles	Exemples
re- ré- r	Il indique la répétition.	**R**edire – **R**éécrire – **R**habiller
pré-	= **avant**, **devant**.	la **pré**histoire : période avant l'histoire.

Suffixes	Rôles	Exemples
-age -ure -tion -eur	Ils transforment un verbe en nom.	passer : un pass**age**. sculpter : une sculpt**ure**. diminuer : diminu**tion**. nager : nag**eur**.
-eur -tè	Ils transforment un adjectif en nom.	long : une long**ueur**. fier : fier**té**.

CONSEILS PARENTS

Rappelez à votre enfant qu'il connait déjà des préfixes qui permettent de former des contraires : *in*, *dé*, *mé*. Les suffixes lui permettent d'identifier les classes grammaticales s'il n'arrive pas trop encore à distinguer un verbe et un nom.

1 Souligne les préfixes dans les mots suivants.
- prédire • prénom • repasser • resservir • réchauffer • revenir • prémolaire.

2 Souligne les suffixes dans les mots suivants.
- balayage • friture • addition • multiplication • lecture • découpage.

3 Relie les mots de la même famille.

large •   • dérapage
haut •   • grandeur
déraper •   • hauteur
tisser •   • tissage
grand •   • largeur

Dans le mot préfixe, tu retrouves **pré-** devant, donc il est **avant** le radical et donc le suffixe est **après**.

4 Indique la classe grammaticale des mots suivants.
- largeur : ....
- douceur : ....
- recommencer : ....
- addition : ....
- revoir : ....
- brulure : ....
- blancheur : ....
- balayer : ....

5 Vrai/Faux.
- Le préfixe re- indique la répétition.   Vrai   Faux
- Le mot cassure est un nom commun formé avec le suffixe -ure.   Vrai   Faux
- Le mot page présente un suffixe en -age.   Vrai   Faux
- Lire, relire, lecture sont des mots formés sur le même radical.   Vrai   Faux
- Diction est un verbe.   Vrai   Faux

Corrigés p. 8

ORTHOGRAPHE 14 — Accord sujet / verbe

JE SAIS DÉJÀ
Repérer le sujet d'un verbe.

JE COMPRENDS
Le verbe s'accorde en personne et en nombre avec le sujet.

Je jou**e** de la flute/**Nous** jou**ons** de la flute.
La **souris** mang**e** du fromage/Les **souris** mang**ent** du fromage.

CONSEILS PARENTS
Matérialisez devant votre enfant la chaine d'accord du sujet et du verbe sur des exemples avec des accolades : Les oiseaux s'envolent.

1 Relie les sujets et les verbes.

- tu • • avons froid
- nous • • vont à la piscine
- je • • marches sur un fil
- Théo • • suis un super champion
- Emma et Louis • • adore le chocolat

2 Complète chaque phrase avec le verbe qui convient :

- L'oiseau (**chante/chantent**) .... car c'est le printemps.
- Léo et Tom se (**dispute/disputent**) .... tout le temps.
- Les enfants (**dort/dorment**) .... sous la tente.
- Ma valise (**es/est**) .... trop lourde.
- Ma sœur (**aide/aident**) .... maman à cuisiner.

Savoir reconnaitre un verbe et son sujet te permet de bien orthographier ce que tu écris.

3 Réécris ces phrases au pluriel.

- Une poule cherche ses poussins. ....
- Une princesse n'aime pas les choux verts. ....
- Ce cartable pèse lourd. ....
- Le chapeau cache un lapin. ....

4 Choisis dans la liste le sujet qui convient pour chaque verbe : la mer, la souris, les acrobates, les étoiles, la lune, les souris.

- .... font des sauts périlleux.
- .... brille la nuit.
- .... fait des vagues.
- .... brillent la nuit.
- .... grignote les croutes de fromage.
- .... grignotent les croutes de fromage.

Corrigés p. 8

GRAMMAIRE 14 — Le complément circonstanciel

JE SAIS DÉJÀ
Repérer les compléments d'objet.

JE COMPRENDS
Les compléments circonstanciels peuvent être supprimés ou déplacés.
Ils répondent à la question **Où ? Quand ? Comment ?**

> La Belle au Bois dormant dort profondément (**comment ?**) depuis cent ans (**quand ?**), dans ce château (**où ?**).

CONSEILS PARENTS
Ne parlez pas tout de suite de complément circonstanciel de temps, de lieu, de manière à votre enfant, attendez la classe de CM1.

1 Souligne les compléments circonstanciels.
- Chaque mercredi, je fais du judo.
- La sorcière prépare sa potion magique dans un grand chaudron.
- Les hirondelles repartent, chaque automne.
- Tu travailles trop vite.
- Aux prochaines vacances, tu sauras nager.

2 Même consigne.
- Le matin, tu as du mal à te réveiller.
- En Italie, la pizza est excellente.
- Elle travaille en musique.
- Nous irons vous voir, dimanche prochain.
- J'ai cueilli des fraises dans mon jardin.
- Cette enfant chante faux.

3 Complète ces phrases avec ces compléments circonstanciels : **sur le radiateur, au grenier, dans un tiroir, sur la plus haute branche**.
- Je n'aimerais pas trouver une souris ....
- Mon chat fait la sieste ....
- Il y a une pie .... du pommier.
- J'ai trouvé de vieux jouets ....

*Regarde, il y a souvent un petit mot, **dans**, **sur**, **sous** etc. devant le complément circonstanciel qui répond à la question **où ?***

4 Complète ces phrases avec ces compléments circonstanciels : **à l'approche de l'automne, chaque soir, tous les matins, en été**.
- ...., nous adorons diner dehors.
- Les marronniers changent de couleur ....
- ...., mon petit frère ne veut pas aller au lit.
- ...., je chante sous ma douche.

Corrigés p. 8

Conjuguer aller, dire, faire à l'imparfait

JE SAIS DÉJÀ
Conjuguer des verbes à l'imparfait.

JE COMPRENDS

aller	dire	faire
J'all**ais**	Je dis**ais**	Je fais**ais**
Tu all**ais**	Tu dis**ais**	Tu fais**ais**
Il ou elle all**ait**	Il ou elle dis**ait**	Il ou elle fais**ait**
Nous all**ions**	Nous dis**ions**	Nous fais**ions**
Vous all**iez**	Vous dis**iez**	Vous fais**iez**
Ils ou elles all**aient**	Ils ou elles dis**aient**	Ils ou elles fais**aient**

CONSEILS PARENTS
Montrez bien à votre enfant que le radical du verbe dire à l'imparfait est dis- puisqu'au présent on dit nous disons auquel on ajoute les terminaisons de l'imparfait ais, ais, etc.

1 Complète avec le pronom qui convient.
- .... faisions des sauts de kangourou.
- .... alliez au zoo.
- .... allaient chez le dentiste.
- .... disions bonjour en anglais.
- .... faisait le fou.
- .... allaient au marché.

2 Complète avec le verbe correctement orthographié à l'imparfait.
- Les sorcières (**faire**) .... peur aux enfants. ● On (**dire**) .... qu'elles (**avoir**) .... des pouvoirs magiques. ● On (**dire**) .... aussi qu'elles (**aller**) .... se promener en volant sur leurs balais. ● Elles (**préparer**) .... des drôles de potions magiques.

3 Réécris les verbes de chaque phrase à l'imparfait.
- Il fait beau. ....
- Vous allez chez le coiffeur. ....
- Tu fais souvent la tête. ....
- Mon petit frère fait d'horribles grimaces. ....
- Vous faites trop de bruit. ....
- Elles disent toujours la vérité. ....

Retiens : on reconnait le verbe dans une phrase parce que c'est le seul mot qui change selon le temps employé.

4 Réécris les verbes de chaque phrase à l'imparfait.
- Cet appareil (**fait**) .... un drôle de bruit.
- Tu (**feras**) .... la vaisselle avant de partir au cinéma.
- Marie (**va**) .... souvent au Louvre.
- Tom et Léa me (**disent**) .... que cette coiffure me va bien.

Corrigés p. 8

BRAVO ! Tu as fini le chapitre 14.
Rendez-vous sur le site www.hatier-entrainement.com
pour encore plus d'exercices et de conseils !

Mémo Chouette

- Tableau de conjugaison

	PRÉSENT	FUTUR	IMPARFAIT
AVOIR (auxiliaire)	j'ai tu as il / elle a nous avons vous avez ils / elles ont	j'aurai tu auras il / elle aura nous aurons vous aurez ils / elles auront	j'avais tu avais il / elle avait nous avions vous aviez ils / elles avaient
ÊTRE (auxiliaire)	je suis tu es il / elle est nous sommes vous êtes ils / elles sont	je serai tu seras il / elle sera nous serons vous serez ils / elles seront	j'étais tu étais il / elle était nous étions vous étiez ils / elles étaient
CHANTER 1er groupe	je chante tu chantes il / elle chante nous chantons vous chantez ils / elles chantent	je chanterai tu chanteras il / elle chantera nous chanterons vous chanterez ils / elles chanteront	je chantais tu chantais il / elle chantait nous chantions vous chantiez ils / elles chantaient
FINIR 2e groupe	je finis tu finis il / elle finit nous finissons vous finissez ils / elles finissent	je finirai tu finiras il / elle finira nous finirons vous finirez ils / elles finiront	je finissais tu finissais il / elle finissait nous finissions vous finissiez ils / elles finissaient
ALLER 3e groupe	je vais tu vas il / elle va nous allons vous allez ils / elles vont	j'irai tu iras il / elle ira nous irons vous irez ils / elles iront	j'allais tu allais il / elle allait nous allions vous alliez ils / elles allaient